Nun hatten wir also traurige Gewissheit. Es ist, wie wenn Dir jemand mit eiskalter Klaue das Herz umfasst und zudrückt oder Dir ein Arm bei einem Unfall weggerissen wird und nur noch der Schockzustand bleibt. Nur mit dem Unterschied, dass mir keine Gliedmaßen weggerissen wurden, rein äußerlich war alles wie immer. Niemand konnte sehen, welch Schmerz ich litt und wie es in mir aussah. Mein Herz raste und ich konnte nur noch daran denken, nicht sofort zusammenzubrechen, sondern mit eiserner Logik und Rationalität Fragen zu stellen. Warum?

Sandra Ursula Nossek studierte Betriebswirtschaftslehre mit Schwerpunkt Englisch und Chinesisch (Mandarin). Nach verschiedenen Tätigkeiten in Wirtschaftsunternehmen ist sie seit einigen Jahren in der Photovoltaikbranche tätig. Die Autorin lebt mit ihrem Mann und ihren beiden Töchtern in der Nähe von Stuttgart.

Sandra Ursula Nossek

Mein langer Weg zum Wunschkind

Erfahrungsbericht über
Abschied und Neuanfang

Bibliografische Information der Deutschen Nationalbibliothek:
Die Deutsche Nationalbibliothek verzeichnet diese Publikation
in der Deutschen Nationalbibliografie, detaillierte
bibliografische Daten sind im Internet unter dnb.dnb.de
abrufbar.

TWENTYSIX – Der Self-Publishing-Verlag
Eine Kooperation zwischen der Verlagsgruppe Random House
und BoD – Books on Demand

Herstellung und Verlag:
BoD – Books on Demand, Norderstedt.

ISBN: 978-3-7407-2720-8

„Wege entstehen dadurch, dass man sie geht!"
(Franz Kafka)

Unserer wundervollen Tochter
und allen Frauen, die dasselbe Schicksal teilen

INHALTSVERZEICHNIS

Meine liebe Tochter,

seit Du auf der Welt bist, scheint für uns die Sonne, blühen für uns die Blumen in den leuchtendsten Farben, erscheint jeder Tag ein wenig heller, kurzum, hat unser Leben einen neuen, tieferen Sinn erhalten. Aber dies alles ist ja nicht erst so, seit Du geboren wurdest, schon als wir wussten, dass Du unterwegs bist, haben sich unsere Leben und unsere Wahrnehmungen komplett verändert. Wichtiges, was uns bislang als das Zentrum unseres Lebens vorgekommen ist, rückte plötzlich in den Hintergrund und da warst nur Du. Wie es Dir geht, was Du machst, was wir schon von Dir auf dem Ultraschall-bild sehen konnten, all dies, war für uns entscheidend, der Rest der Welt blieb auf den Straßen rund um meinen Arzt, die Welt hetzte vorbei, aber wir waren im Warte- und Untersuchungszimmer verwurzelt. Ich glaube, drau-ßen hätte eine Bombe explodieren können oder das Nachbarhaus abgerissen werden, es hätte mich nicht ge-stört bzw. ich hätte es nicht so wahrgenommen, wie ich es vor meiner Schwangerschaft sicherlich wahrgenom-men hätte.

Niemals hätte ich mir vorstellen können, dass wir eines Tages so empfinden können, niemals hätte ich geahnt, was alles auf uns zukommen würde, was wir auch alles durchstehen müssen, bis wir Dich endlich auf dem Arm halten dürfen. Eines ist mir sehr bewusst geworden und wird es auch immer bleiben, nämlich, dass das eigene Kind keine Selbstverständlichkeit ist, sondern eine Naturgewalt, die man durch viel Mühsal und Kraft eines Tages empfangen darf, ein Wunder, das wir nicht verstehen können und vermutlich niemals ganz verstehen werden, eine verrückte und wundersame Reise, die uns zu uns selbst und darüber hinaus bringt, die uns wachsen lässt und uns an unsere Grenzen bringt.

Niemals zuvor musste ich so über mich hinauswachsen, niemals zuvor bin ich so gefordert worden, weder im Job, noch anderweitig. Ich sage ja, ich hätte es mir selbst nicht vorstellen können. Früher dachte ich, dass Kinder halt irgendwie dazugehören, wenn überhaupt. Eigentlich wollte ich bis Mitte Dreißig gar keine Kinder, zunächst war mir die Karriere wichtiger. Das moderne Frauenbild der arbeitenden und doch häuslichen Frau, die alles spielend „unter einen Hut bekommt" hat sicherlich dazu beigetragen. Ich wollte unter allen Umständen vermeiden, als kochende und waschende Hausfrau zu enden, deren Welt sich um schmutzige Unterwäsche und einen nörgelnden Ehemann dreht, dessen Abendessen nicht schmackhaft genug ist. Auf der einen Seite Klischees, aber auf der anderen Seite auch - wie ich finde - berechtigte Ängste, als Frau zurückstecken zu müssen und nach mühsamem Studium nicht das erreichen zu können, was ein Mann locker schaffen kann, da sich diesem die Kinder- und Elternzeitfrage ja gar nicht stellt, und wenn, dann für wenige Monate, wenn überhaupt.

Meine Mutter ist die perfekte Hausfrau und ich meine das nicht im negativen Sinne. Ihre vielversprechende Bankkarriere und Stelle als Zweigstellenleiterin hat sie zugunsten meiner älteren Schwester und mir aufgegeben, um sich komplett der Familie widmen zu können. Immer geduldig, immer in sich ruhend, immer die richtigen Worte zur richtigen Zeit, eine Virtuosin in der Küche und im Garten. Ich habe mich oft gefragt, ob es etwas gibt, das sie nicht kann, es muss doch irgendetwas im Bezug auf Heim und Kinder geben, das sie nicht kann. Selbst das Stricken und Nähen war kein Problem, der eigene Teddy? Kurzum selbst gestrickt, als hätte sie eine Haushaltsschule besucht (wie es ihre Mutter eigentlich wollte), aber nein, weit gefehlt, mit Zahlen konnte und kann sie sehr gut umgehen und daher war ihr die Bankausbildung wie auf den Leib geschnitten.

Aus dieser Erfahrung heraus, dass meine Mutter als Hausfrau rund-um-die-Uhr zur Verfügung stand und -wie ich damals fand- ihre Selbstständigkeit aufgegeben hat- wollte ich gerne meine Karriere in den Fokus rücken und keinesfalls irgendwann komplett aus dem Job aussteigen, um mich Heim und Herd zu widmen. Wenn ich mich dazu entschließen sollte, Kinder zu haben, dann sollten diese eben zum geeigneten Zeitpunkt kommen und bitte schön auch in die Lebensplanung bzw. Karriereplanung passen. Ich bin fest davon ausgegangen, dass sich Kinder eben einfach in das eigene Leben einfügen und wenn ich mich dazu entschließe, Kinder zu bekommen, dann wird dies auch im Handumdrehen klappen. Warum sollte es auch nicht so sein?

Rückblickend betrachtet, habe ich mich -glaube ich- noch nie so sehr getäuscht wie in diesen Punkten, was die Wichtigkeit der eigenen Karriere anbelangt, was die schmerzliche Tatsache anbelangt, dass Kinder eben doch nicht wie selbstverständlich in unser Leben gelangen und vor allen Dingen was die eigene „Rolle" im Leben anbe- langt.

1. Kapitel: Unser erstes Kind

Der Wendepunkt, dass ich eine eigene Familie mit anderen Augen sah, kam, als ich meinen heutigen Ehemann kennen lernte. Auf einmal wurde die Beziehung konkreter, ernster, ich bemerkte, dass wir „am selben Strang" zogen und die gleichen Ziele im Leben hatten. Meine vorherigen Beziehungen waren auch erfüllend und ernsthaft, jedoch hatten sie nicht dieselbe Tiefe, die unsere Beziehung heute hat, wie mein Mann und ich sie führen. Vielleicht lag es auch daran, dass ich früher ganz andere Ziele hatte und an Kinder gar nicht gedacht habe, daher war ich in meinen vorherigen Beziehungen glücklich, da sie mir zu jedem Lebensabschnitt das gaben, was ich brauchte. Nichtsdestotrotz fühlte ich bei meinem Mann, dass ich angekommen war, dass er ein so wunderbarer Mann ist, dass ich es wagen konnte, den nächsten Schritt zu gehen und zusammen mit ihm eine Zukunft zu planen. Meinem Mann erging es ebenso, er war es leid, Beziehungen einzugehen, die nicht in die Gründung einer eigenen Familie mündeten und nächtelang um die Häuser zu ziehen, wobei er sowieso nicht der Typ ist, der auf Partys und langes Weggehen Wert legt.

Der nächste Schritt bestand für uns daraus, zunächst zusammen zu ziehen und zu prüfen, ob das überhaupt gutgehen würde. Ich muss gestehen, dass ich mit 34 Jahren das erste Mal mit einem Mann zusammengezogen bin, davor stand dieser nächste Schritt einfach nie zur Debatte. Also zogen mein späterer Ehemann und ich zusammen und wir waren überrascht, wie gut wir uns ergänzen können und wie leicht das Leben doch miteinander ist.

Irgendwann konnten wir uns einfach gut vorstellen, miteinander eine Familie zu gründen und das war mein persönlicher Wendepunkt, bei dem ich von dem Gedanken fasziniert war, zusammen mit dem Menschen, den ich am meisten liebe, Kinder zu bekommen und großzuziehen. Wie schön muss es sein, wenn wir an unseren Kindern Gemeinsamkeiten von jedem von uns entdecken und uns in ihnen wiedererkennen können. Wie überwältigend muss es sein, das eigene Kind im Arm zu halten und zu wissen, für den Rest des eigenen Lebens für den kleinen Erdenbürger da sein zu können und ihm alles mitzugeben, was er braucht, ob das alltägliche Dinge wie Nahrung und Kleidung sind oder aber auch erzieherisches und mentales Rüstzeug, das wie ein Panzer schützt und das Kind sicher durchs Leben trägt.

Allmählich rückte meine Empörung darüber, als Frau viele Opfer bringen zu müssen, sobald ich mich für Kinder entscheiden würde, deutlich in den Hintergrund.

Wir konnten unser Glück kaum fassen, als ich nur drei Monate, nachdem wir beschlossen hatten, unsere Familienplanung zu beginnen, schwanger wurde.

Ich war so aufgeregt und verwirrt, ich weiß noch genau, wie ich den positiven Schwangerschaftstest in den Händen hielt und mein Herz so laut gepocht hat, dass ich mich festhalten musste, da ich fürchtete, sonst umzufallen. Ich konnte es wirklich nicht glauben: Es würde sich alles ändern, vom heutigen Tage an würde sich alles um den kleinen Menschen drehen, der da in mir heranwächst.

Die Tatsache, dass ich schwanger war, war unumstößlich und nicht wieder rückgängig zu machen. Unsere kleine Familie wird in neun Monaten existieren, wir waren außer uns vor Freude. Doch es sollte alles anders kommen.....

Meine Welt stürzt ein

Wir sind aufgeregt und voller Vorfreude gleich zum Arzt gefahren. Viel war auf dem Ultraschallbild noch nicht zu sehen, aber mein Arzt bestätigte mir meine Schwangerschaft und händigte den Mutterpass aus! Es war die 6. Schwangerschaftswoche.

Unseren Urlaub in Saalbach hatten wir schon länger geplant und so sind wir guten Mutes ein paar Tage weggefahren und haben ruhige Tage inmitten der schönen Berglandschaft und des zauberhaften Städtchens verbracht. Da es Mitte August relativ heiß war, konnten wir schöne Stunden im Freibad und bei Wanderungen verbringen. Die permanente Übelkeit, die ziemlich heftig einsetzte und hartnäckig 24 Stunden am Tag blieb, war der Beweis, dass mit meiner Schwangerschaft alles stimmte und ich mir keine Sorgen machen musste. Am letzten Tag vor unserer Abreise haben wir Halt an einem Baggersee gemacht und ich weiß noch, wie ich weit hinausgeschwommen bin und einfach nur glücklich war, dass wir bald unser Kind in den Armen würden halten dürfen.

Als wir wieder zurück waren, hatte ich gleich einen Kontrolltermin, es war der Beginn der 8. Schwangerschaftswoche. Beim Ultraschall war mein Arzt, der an für sich schon recht ruhig ist, noch ruhiger und hat minutenlang vor sich hin geschwiegen. Ich habe mir erst gar Nichts dabei gedacht, habe mich langsam aber gewundert, warum so wenig auf dem Monitor zu sehen war. Müsste dort nicht ein ganz kleiner Embryo zu sehen sein? Klein, aber doch gut sichtbar? Mein Arzt bestätigte schließlich all meine Befürchtungen und erklärte, dass in dieser Schwangerschaftswoche eigentlich der Embryo zu sehen sein müsste, dies aber bei mir nicht der Fall sei. Er hat sich für den Ultraschall viel Zeit genommen und meinte, dass wir das Wochenende abwarten sollten und ich gleich am Montag wiederkommen solle.

Ich dachte, ich höre nicht richtig, mir war doch permanent übel und alle Zeichen deuteten doch auf eine Schwangerschaft hin. Mein Mann saß wie erstarrt neben mir und konnte gar Nichts mehr sagen. Es war ein Donnerstag und das Wochenende zog sich endlos lange hin, mein Arzt hatte noch etwas Hoffnung, es gebe sog. „Eckenhocker", die man nicht gleich sehen könne, vielleicht hätten wir ja Glück. Ich überwand mich und rief meine Eltern an und erzählte, dass es nicht gut ausschaue. Meine Eltern waren ebenso zutiefst bestürzt und wussten nicht so recht, was sie dazu sagen sollten. Ich war innerlich zerrissen und verzweifelt und wünschte mir nichts sehnlicher, als dass unser Kind zur Welt komme. Gleichzeitig spürte ich aber eine Gewissheit, dass es keine Hoffnung mehr gab. Am errechneten Geburtstermin, dem 11. April 2014, würde unser Kind nicht zur Welt kommen. Aus irgendeinem Grund wusste ich es, vielleicht wollte ich mich auch wappnen, dass ich in der Arztpraxis nicht zusammenbreche.

An besagtem Montag, dem Beginn der 9. Schwangerschaftswoche, erklärte mein Arzt schließlich, nach eingehendem Studium des Ultraschalls, dass sich unser Embryo nicht entwickeln würde, dass daraus „nie und nimmer" ein Kind entstehe, so sein genauer Wortlaut. Diese Worte werde ich mein Lebtag nicht vergessen, ich fand sie auch sehr unsensibel und unpassend. Die Einnistung hatte stattgefunden, der Dottersack war vorhanden und gut sichtbar, aber bei der Zusammensetzung des Embryos hatte irgendetwas nicht geklappt und so war dieser -zumindest mit dem bloßen Auge- nicht sichtbar.

Nun hatten wir also traurige Gewissheit. Es ist, wie wenn Dir jemand mit eiskalter Klaue das Herz umfasst und zudrückt oder Dir ein Arm bei einem Unfall weggerissen wird und nur noch der Schockzustand bleibt. Nur mit dem Unterschied, dass mir keine Gliedmaßen weggerissen wurden, rein äußerlich war alles wie immer. Niemand konnte sehen, welch Schmerz ich litt und wie es in mir aussah. Mein Herz raste und ich konnte nur noch daran denken, nicht sofort zusammenzubrechen, sondern mit eiserner Logik und Rationalität Fragen zu stellen.

Warum?

Eigentlich stellen sich zwei Fragen: Die Frage, warum entwickelt sich unser Kind nicht und -unausgesprochen- die daraus folgende Frage, warum passiert dies uns? Auf beide Fragen hat kein Arzt dieser Welt eine Antwort, oder besser gesagt, auf die Folgefrage vermutlich auch kein Philosoph oder Theologe.

Das Alter, wurde lakonisch eingeworfen, mein Arzt holte sogleich eine Statistik heraus, wonach mit steigendem Alter das Risiko einer Fehlgeburt bzw. einer Fehlbildung beim Kind deutlich erhöht sei. Das wollte ich nicht hören, zumal ich zu diesem Zeitpunkt gerade einmal 34 Jahre alt war. Eine Bekannte meiner Schwester hatte ihr erstes Kind geboren, als sie 30 Jahre alt war und dieses Kind kam mit dem Down-Syndrom auf die Welt.

Kein Wort des Bedauerns, Nichts. Wir waren wie vor den Kopf geschlagen. Ich hatte bis dato noch nie etwas davon gehört, dass es Schwangerschaften geben kann, bei denen zunächst alles gutgeht und dann doch die Entwicklung des Embryos plötzlich aufhört. Ich hatte ständige Übelkeit und auch keine Fehlgeburt erlitten, die

Schwangerschaft war für mich völlig intakt. Wir hörten noch, dass wir so schnell wie möglich einen Termin im Krankenhaus ausmachen sollen, wo dann eine Ausschabung vorgenommen werden würde. Ich hatte Alpträume und fand den Gedanken schrecklich, ins Krankenhaus zu gehen und sich das eigene Kind herausholen zu lassen. Nichts lag mir ferner, als diesen Schritt vornehmen zu lassen, doch ich wusste, dieser war unvermeidlich. Wenn ich jemals wieder schwanger werden wollte, musste ich diesen Schritt gehen und mich irgendwie dazu überwinden, ich wusste nur noch nicht, wie.

Ich versank in einem großen Tal der Tränen, das dunkel war und in das mir auch niemand folgen konnte, nicht einmal mein eigener Ehemann. Er konnte nicht nachvollziehen, was dies für mich bedeutete, was es wirklich bedeutete, wenn das eigene Kind im Leib aufhört sich zu entwickeln, aufhört zu existieren, auf einmal nicht mehr lebte. Unser Kind war still von uns gegangen, ohne Abschied. Er litt mit mir mit und war einfühlsam, aber er erlebte es eben nicht am eigenen Leib, was dies für mich bedeutete. Ich wäre nicht im Traum darauf gekommen, dass etwas mit meiner Schwangerschaft nicht stimmte. Ich wurde abrupt aus meinem Himmel gerissen und landete tief unten auf der Erde, nicht mal auf der Erde.

Niemand konnte mir helfen, niemand in meiner Familie hatte dies je erlebt, ich stand völlig allein und wusste nicht, wie ich die Kraft aufbringen sollte, weiterzumachen und -irgendwann in ferner Zukunft- wieder schwanger werden und diese Schwangerschaft dann durchstehen sollte.

Es war der 30. August 2014, als wir ins Krankenhaus aufbrachen. Wir sollten um 8 Uhr da sein, da der Eingriff am Vormittag vorgenommen werden sollte. Ich erkannte meine Leidensgenossinnen gleich, die auch schon da waren. Alle mit müden Augen und grauen Gesichtern vor Leid und Angst. Der Freitag war anscheinend der Tag, an dem die Ausschabungen vorgenommen wurden. Meine Mutter meinte, vor 20 Jahren musste man dazu noch stationär aufgenommen werden, aber heutzutage wird dies kurz ambulant in 20 Minuten erledigt und man kann danach gleich nach Hause gehen.

Zu allem Übel musste ich ziemlich lange warten, da davor noch andere Patientinnen „behandelt" wurden. Irgendwann wurde ich in den Vorraum des ambulanten OP`s gerufen und musste mich umziehen und so ein schreckliches Flügelhemdchen anziehen. Mein Mann durfte nicht mitkommen und musste draußen warten, was ich als zusätzlich belastend empfand und somit ganz auf mich allein gestellt war. Die Schwestern waren sehr nett und zuvorkommend, sie wollten mir die Angst ein wenig nehmen. Das Schlimmste stand mir noch bevor, da ich bei vollem Bewusstsein in den Operationssaal hineingehen musste. Bei fast allen anderen Operationen wird man zumindest hineingefahren oder erhält eine Beruhigungsspritze. Nicht so hier, ich musste hineingehen und sah ihn schon, den Operationsstuhl, der ähnlich aussah, wie der Untersuchungsstuhl beim Frauenarzt. Meine schlimmsten Alpträume schienen sich zu bewahrheiten, ich hatte schon Überwindung gebraucht, mich bei einer Routineuntersuchung beim Arzt in diesen Stuhl zu begeben und nun sollte mein Kind hier herausgeholt werden. Ich kann nicht in Worte fassen, wie ich in diesem Moment fühlte und wie viel es mich an mentaler Überwindung gekostet hat, mich hinzusetzen und die Ärzte machen zu lassen, nur so viel, ich dachte, wenn ich irgendwo noch etwas Kraft herholen kann, dann werde ich diese aufbringen. Ich war mir nicht sicher, ob meine Kraft dafür ausreichen würde, aber ich würde das letzte kleinste Restchen davon zusammenkratzen und mit mir mitnehmen. Gott sei Dank kam der Anästhesist und hat mir eine Vollnarkose gegeben, eine übliche Narkose für diesen Eingriff. Ich glaube, unter örtlicher Betäubung würden das die Frauen auch nicht durchstehen und ganz bestimmt bleibende Narben davon tragen. Ich bete, dass ich unter der Vollnarkose nur so wenig mitbekommen habe, dass ich zumindest vom Eingriff keine bleibenden seelischen Schäden davontragen werde, denn dass ich von meinem Abort seelische Narben tragen würde und noch trage, war mir sofort in dem Moment klar, als mir der Arzt bestätigte, dass unser Kind nicht auf die Welt kommen würde.

Ich wachte auf und hörte eine sanfte, beruhigende Stimme der Krankenschwester auf der Aufwachstation. Sie meinte, ich hätte ja noch so viel Zeit. Ja, dachte ich, das stimmt, aber niemand kann mir mein Kind zurückgeben, das so einzigartig ist, dass es so nie wieder geboren werden wird. Unser Kind ist einzigartig und Nichts und niemand kann es zurückbringen.

Ich schlug die Augen auf, es war der 30. August 2013 um 10.45 Uhr. Ich hatte gerade unser erstes Kind verloren.

Warum, dachte ich oft, passiert so etwas? Warum lässt der liebe Gott es zu, dass Kinder nicht geboren werden, dass Kinder sterben, dass schreckliche Dinge auf der Welt geschehen?

Ab wann entsteht eigentlich Leben?

Dieser Gedanke hat mich Nachts oft wachgehalten, wie viel war denn von unserem Kind schon entwickelt? Mich belastet besonders, dass unser Kind ganz normal am errechneten Geburtstermin geboren worden wäre, wenn alles gut gegangen wäre. Wäre die Schwangerschaft normal weitergegangen, hätte sich daraus unser Kind entwickelt. Alle Voraussetzungen waren hierfür geschaffen, es fehlte nur noch der Embryo. Aber wer kann sagen, wie weit dieser schon entwickelt war?

Mich quälen diese Gedanken bis heute und ich werde sie auch nicht mehr los, aber ich versuche, damit umzugehen. Ich denke, unabhängig davon, wie weit unser Kind entwickelt war, oder auch nicht, es war unser Kind und wir werden es immer in unseren Herzen tragen und nie vergessen. Und es wird eine Zeit geben, in der wir uns wiedersehen und ich bin so gespannt darauf, wie Du aussiehst und wie Du sein wirst. Denn in einer anderen Welt werden wir unsere körperliche Hülle abstreifen und Grenzen zwischen Körper und Geist werden aufgelöst sein und es wird nur noch der Geist existieren. Dann werden wir uns wiedersehen können und es wird egal sein, ob Du auf unserer Erde warst oder nicht. Wir werden uns wiedersehen und ich kann den Tag nicht erwarten, an dem es so weit sein wird. Aber vorher haben wir hier noch eine große Aufgabe zu erledigen.....

Die Seele eines Menschen

Ab wann entwickelt sich die Seele eines Menschen?

Natürlich quälen diese Gedanken noch zusätzlich zu dem Verlust, den mein Mann und ich zu verkraften haben, aber sie lassen sich nicht einfach leugnen und in eine Schublade sperren. Ich bin auch davon überzeugt, dass wir unsere Ängste erst dann besiegen können, wenn wir uns diesen stellen und diese auch als Teil von uns akzeptieren.

Verdrängung kann niemals eine Therapie sein, allenthalben eine kurz- oder mittelfristige Lösung zur Bewältigung des Schmerzes. Erst wenn einige Zeit ins Land gegangen ist, nach einem Schock oder traumatischen Erfahrungen, sind wir in der Lage, uns dem zu stellen, wenn wir uns schon in einer anderen, positiven Situation befinden. Dann können wir „aus sicherer Entfernung" die Vergangenheit aufarbeiten, wenn diese nicht mehr so sehr schmerzt. Ich hätte es kurz nach dieser schmerzhaften Erfahrung nicht geschafft, mich all dem zu stellen und aufzuarbeiten. Da ging es nur darum, einen Schritt vor den anderen zu setzen, irgendwie weiterzumachen, in der Hoffnung, dass irgendwann eine bessere Zeit anbricht und dass es uns vergönnt sein wird, ein Baby in den Armen halten zu können.

Die Hoffnung auf eine bessere Zeit hat mich vorangetrieben, möglichst schnell weiterzumachen. Jetzt, über 2 Jahre später, kann ich „mit sicherem Abstand" die Dinge aufarbeiten und vielleicht auch Anderen, die sich in einer ähnlichen Situation befinden, Mut machen. Ich werde diese Zeilen schreiben, um mir selbst zu helfen und Mut zu machen, es ist meine Art, die schreckliche Zeit zu verarbeiten, aber vielleicht kann ich damit auch anderen Frauen weiterhelfen. Es lohnt sich immer weiterzumachen, denn eine bessere Zeit ist definitiv angebrochen…..

Die Tatsache, dass wir unser erstes Kind verloren haben und dieses auch nie wiederkehren wird, fanden wir extrem belastend und das Schlimmste, was uns passieren konnte.

Rückblickend betrachtet finde ich es auch heute noch schrecklich, dass Nichts von unserem Kind übrig geblieben ist, wir konnten es weder begraben noch richtig um es trauern, es gibt keine Gedenkstätte, wo wir hingehen und beten können. Unser Kind existiert nur noch in unserer Erinnerung.

Es ist fast so, als ob es diese Schwangerschaft nie gegeben hätte, niemand in unserem engsten Bekanntenkreis spricht darüber. Ich fand es furchtbar, dass sogar Familienmitglieder sich nicht getraut haben, uns darauf ansprechen und das Thema einfach sprichwörtlich totgeschwiegen haben. Sicherlich, es wollte uns niemand verletzen und nicht noch tiefer in der Wunde bohren. Aber durch diese Nichtbeachtung des Themas hatten wir auch wenig Möglichkeiten, über unseren Verlust zu sprechen und diesen zu verarbeiten. Selbst mein Mann ging mit unserem Verlust anders um als ich. Für ihn war die Schwangerschaft sehr abstrakt, er konnte sich wahrscheinlich in diesem frühen Stadium der Schwangerschaft nicht vorstellen, dass wir irgendwann ein Kind haben werden und wie dieses Kind ganz konkret sein würde. Daher konnte er den Verlust vermutlich auch nicht ganz so nachempfinden wie ich.

Für mich war es wie ein Donnerschlag, wie ein Monsun, der aus dem Nichts auftaucht, und alles mitreißt, was gut und vorhanden war. Niemals hätte ich gedacht, dass mir so etwas passiert. Niemand in der Familie hatte jemals eine Fehlgeburt. Mir fällt es auch heute noch extrem schwer, mich damit abzufinden. Neulich habe ich im Internet gelesen, dass es sich bei Fehlgeburten um „Fehlversuche der Natur" handelt und diese einfach dazugehören. Jede dritte Schwangerschaft ist davon betroffen, wenn man bemerkte und unbemerkte Fehlgeburten dazu zählt, also Fehlgeburten, die schon im Begriff sind, abzugehen und solche, die weiterhin im Mutterleib verbleiben und unbemerkt abgestorben sind, die sog. „missed abortion", wie es bei mir der Fall war. Eine schreckliche Vorstellung, dass unser Kind in meinem Leib abgestorben ist, ohne dass ich etwas davon bemerkt habe.

Genau das ist ja das Gemeine, ich dachte, es sei alles in Ordnung und bin frohen Mutes zur Vorsorgeuntersuchung gegangen, danach stellte sich heraus, dass meine Schwangerschaft nicht mehr intakt war. Mittlerweile habe ich schon von vielen solcher Fälle gehört, ich habe aber den Eindruck, dass niemand darüber sprechen möchte. Es passt einfach nicht in unsere Leistungsgesellschaft hinein, wenn Schwangerschaften nicht glücklich enden, die kurze Pause vom Beruf muss ja auch bestmöglichst genutzt werden. Zumindest wird das den Frauen so vorgegaukelt, da passen „Fehlversuche" natürlich nicht hinein.

Ich finde es sowieso bedenklich, dass die Frauen nach nur kurzer Pause gleich wieder in den Job zurückkehren sollen und die kleinen Kinder, teilweise noch Babys, in der Krippe abgegeben werden. Ob die Frauen dies wollen oder nicht, auf jeden Fall besteht gesellschaftlich ein großer Druck, den Anforderungen der modernen Frau zu entsprechen, die alles spielend unter einen Hut bekommt.

Ich habe kürzlich den Begriff der „selbstoptimierten Frau" gelesen und war entsetzt. Frauen sollen sich selbst bestmöglichst „optimieren", um den Erwartungen des Chefs, des Kindes, des Ehemanns usw. zu entsprechen. Mir drängte sich sofort der Gedanke auf, „und wann kommt die Frau mal an die Reihe?" Zeit für eigene Bedürfnisse oder einfach Zeit, um mit dem eigenen Kind kreativ sein zu können, das zu tun, wonach es Mutter und Kind gerade ist – ohne Zeitdruck – ist bei einem solchen Modell nicht möglich. Selbstverständlich, es muss jedem selbst überlassen sein, wie die erste Zeit mit Kind geplant wird, aber es muss nicht sein, ein Baby von morgens bis abends in der Krippe abzugeben, zumal es eigene Bedürfnisse noch gar nicht äußern kann.

Viele Frauen stellen dies dann auch so dar, dass ihr Kind extrem viel in der Krippe lernt und nur von den anderen Kindern profitiert. Sicherlich sind soziale Kontakte mit anderen Kindern immens für die Entwicklung wichtig, hierzu gibt es ja auch zahlreiche Kursangebote, aber ich persönlich denke, dass ein kleines Kind zunächst bei der eigenen Mutter oder dem eigenen Vater am besten aufgehoben ist und sich keinesfalls schlechter entwickelt, wenn es nicht jeden Tag für mehrere Stunden extern betreut wird.

Ich finde es schade, dass Mütter, die zu Hause die Erziehung komplett selbstständig übernehmen, so wenig Respekt und Anerkennung erhalten, vom Monetären ganz zu schweigen. Erziehung wird nicht per Entgelt honoriert. Aber wer sofort arbeiten geht und den halben Lohn für eine Kindertagesstätte ausgibt, erhält maximalen Respekt! Ich denke, da muss noch viel getan werden, um Frauen den nötigen und richtigen Stellenwert in der Gesellschaft einzuräumen!

Unser Kind lebt also nur in unserer Erinnerung und es ist an uns, diese Erinnerung wachzuhalten und niemals zu vergessen. Der 11. April 2014 wird für mich immer ein besonderes Datum bleiben, da an diesem Tag unser Baby hätte zur Welt kommen sollen.

Warum geschehen eigentlich solche Dinge wie Fehlgeburten, Tod oder Unfälle? Ich habe mich so oft gefragt, warum Gott dies zulässt. Ist es eine Art Prüfung, wie man damit umgeht? Ist es, wie so oft im Leben, etwa auch eine Chance, an so einer schrecklichen Erfahrung zu reifen, indem man daran wächst und nicht zugrunde geht? Diese Fragen stellte ich mir oft hasserfüllt. Ist es mir denn nicht vergönnt, ein glückliches Familienleben zu führen? Überall sah ich Frauen mit einem, zwei oder gar noch mehr Kindern, die scheinbar federleicht in diese

Welt gekommen sind, ohne jegliche Anstrengung. Dies ist aber nur ein Schein, der trügt.

Mittlerweile habe ich erfahren, dass es vielen Frauen so ergangen ist. Als ich einmal näher in meinem Umfeld diesbezüglich Fragen gestellt habe, kamen einige ähnliche Ereignisse zutage. Vielen Frauen mussten eine Fehlgeburt beim ersten oder zweiten Kind erleiden, ich habe sogar erfahren, dass es einen Fall von insgesamt vier Fehlgeburten gab, vor jedem Kind eine. Ich habe höchsten Respekt vor dieser Frau, die trotz aller Widrigkeiten immer weitergemacht hat und sich nicht beirren ließ. Woher nimmt sie nur die Kraft? Eine Nachbarin von mir war im neunten Monat schwanger und wurde eines Tages vom Krankenwagen abgeholt. Ich ahnte Schlimmes und sprach sie an, als sie wieder zu Hause war. Ihr Kind hatte sie nicht dabei, das war zu diesem Zeitpunkt schon längst tot. Das Herz ihres Kindes hatte einfach aufgehört zu schlagen, diese furchtbare Diagnose hatte sie zwei Wochen vor der eigentlichen Geburt erfahren. Ihr Kind war im Mutterleib bereits verstorben. Ihr graues Gesicht, vom Schock und Trauma gekennzeichnet, werde ich nie wieder vergessen. Sie hatte nicht viel erzählt, aber ich ahne, dass sie ihr Kind auf natürlichem Wege auf die Welt bringen musste, obwohl es schon tot war. Solche Geschehnisse lassen mich Nachts nicht schlafen, warum durfte dieses Kind nicht auf die

Welt kommen und all die wunderbaren Erfahrungen im Leben machen? Je mehr ich von meinem Abort sprach, desto häufiger haben sich Frauen „offenbart" und ebenso berichtet, nur bisher hatten sie kaum oder gar nicht darüber gesprochen. Es wird nicht publik gemacht, wenn man sein Kind verloren hat, daher dachte ich, das käme selten vor und ich könne mit niemandem darüber reden, was aber nicht der Fall ist und war.

Ich haderte mit mir selbst, warum lässt mich der liebe Gott so etwas durchleben? Was habe ich falsch gemacht? Ich musste unwillkürlich den Vergleich ziehen, warum Kriege, Morde, Verluste der Kinder überhaupt geschehen können und müssen? Sind wir denn hilflos ausgeliefert und schaukeln wie ein herrenloses Schiff auf dem Meer des Schicksals herum? Eine schreckliche Vorstellung. Können wir denn gar Nichts beeinflussen oder gar Spuren hinterlassen?

Wege aus dem tiefen Tal der Verzweiflung

Heute denke ich, dass ich schnell einen Verantwortlichen gesucht habe, dem ich die Schuld quasi aufbrummen konnte, frei nach dem Motto: „Warum soll ich an Gott glauben, wenn er so schlimme Dinge zulässt?" Wie bei fast allen Fragen ist es vermutlich nicht so einfach, wie wir es gerne hätten. Ich bin davon überzeugt, dass es einen Gott gibt, eine göttliche Macht, die uns lenkt, wie immer diese Macht auch aussehen mag. Letztendlich sind es aber die Menschen, die Taten wie Kriege und Morde ausführen, Menschen, die zu furchtbaren Taten fähig sind. Hier ist der Mensch klar verantwortlich, die Schuld kann nicht einfach „abgeschoben" werden.

Dann ist da das Schicksal, manche Schicksale wie das Sterben von Kindern, geschehen einfach, unabhängig davon, wie wir uns verhalten. Wir können diese Geschehnisse nicht beeinflussen. Das ist das Schwerste, auch für mich, diese Geschehnisse zu akzeptieren, ohne dass ich daran etwas ändern kann. Wir sind es gewohnt, die Dinge zu steuern und selbstbestimmt durchs Leben zu gehen, da passt es nicht, hilflos Schicksalsschlägen ausgeliefert zu sein, in unserer Leistungsgesellschaft schon gar nicht.

Gott lenkt und steuert, aber ist diese göttliche Macht auch wirklich für alles, was auf der Erde letztendlich geschieht, verantwortlich? Möchte Gott, dass es uns schlecht geht? Ich denke nicht. Gottes Macht ist nicht nur im Himmel über uns als „schwebende Masse", ich denke vielmehr, dass in jedem von uns ein göttlicher Funke steckt, Gott ist in jedem von uns zu finden, als Teil von ihm. Wir sind sozusagen die „Erfüllungsgehilfen auf Erden" und tragen entscheidend dazu bei, wie seine Macht und Religion umgesetzt werden, was wir also aus dem göttlichen Funken machen. Nur wir können schlussendlich dazu beitragen, dass die Welt besser wird, durch unsere eigenen Taten und Handlungen. Was wir aktiv beeinflussen können, können wir beeinflussen, Schicksalsschläge wie einen Kindstod während oder am Ende einer Schwangerschaft können wir nicht beeinflussen, gleich, wie wir uns verhalten, es geschieht. Ich denke aber, Gott leidet auch mit, wenn so schreckliche Dinge auf der Welt geschehen. Dieses Bild, von einem Gott, der Anteil nimmt und eben nicht allmächtig ist und über allem steht, finde ich irgendwie tröstlich.

Die Situation war also äußerst komplex, einfache Antworten gab es nicht. Wie ich schnell feststellte, brachte mich hadern nicht weiter. Wie konnte ich auch davon ausgehen, dass alles „glatt läuft" und mir umgehend neues Leben geschenkt werden würde? Demut ist eine schwierige Sache, aber es wurde mit der Zeit erträglicher. Ich dachte daran, was mir schon alles im Leben vergönnt gewesen war, wie Familie, also Eltern, eine Schwester, Freunde, einen Ehemann, Arbeit, und versuchte, die positiven Aspekte hervorzuheben, nicht die negativen. Das Leben ist ein Geschenk, Kinder sind ein Geschenk, wenn uns dieses Geschenk zuteil wird, sollten wir zutiefst dankbar sein und es nicht als selbstverständlich hinnehmen. Hier sind wir nun am ersten Punkt meiner Bewältigungsstrategie angelangt, was mir geholfen hat, darüber hinwegzukommen: Dankbarkeit für das bisherige Leben und das bislang Erreichte!

Ein anderer wichtiger Aspekt war für mich die Hoffnung: Die Aussicht, eines Tages ein Kind haben zu dürfen, eine eigene Familie zu sein mit all den Höhen und Tiefen, aber auch mit dem damit einhergehenden Stolz, ein Familienleben und Erziehungsarbeit meistern zu können, hat mich immer vorangetrieben und treibt mich ehrlich gesagt immer noch voran. Es muss doch ein ungeheures Selbstbewusstsein geben, wenn ich als Frau ein Kind auf die Welt bringen, großziehen und zu einem eigenständigen, verantwortungsvollen und Anteil nehmenden Menschen erziehen kann. Diese Hoffnung hat mich immer beflügelt und weitermachen lassen. Ich wollte so schnell nicht aufgeben.

Mein Glaube und mein Gottvertrauen haben mich bei der Wanderung durch das tiefe Tal der Verzweiflung stets begleitet und mir Kraft gegeben. Die spirituelle Kraft ist eine sehr große, die durch die Seele fließt und mich meine Ängste vergessen ließ. Es muss nicht wieder so enden, wie bei meiner ersten Schwangerschaft, ich war mir plötzlich sicher, dass es das nächste Mal anders laufen würde. Ich hätte niemals gedacht, welche Kraft mich der Kinderwunsch kosten würde, welche Mühen ich würde auf mich nehmen müssen. Manchmal wollte ich einfach aufgeben und mich nicht der ständigen Angst aussetzen, die eine Folgeschwangerschaft unweigerlich bringen würde. Dann stellte ich mir vor, wie unser Kind aussehen würde, wie es wohl sein würde. Der Wert der Leben unserer Kinder stand für mich deutlich höher als meine eigenen Ängste, obwohl es mir nicht leichtgefallen ist. Die Entscheidung stand fest: Wir versuchen es erneut, ein Kind zu bekommen!

Aus Schicksalsschlägen gehen wir stärker und reifer hervor, als wir es zuvor waren. Ich war nicht mehr dieselbe, die ich vor meiner Schwangerschaft gewesen war. Aber ich wollte auch versuchen, diesem schrecklichen Schicksalsschlag etwas Positives abzugewinnen und etwas daraus zu lernen.

Irgendwann kam mir der Gedanke, dass mir das Leben damit etwas sagen will. Vielleicht kann ich diese Erfahrung so nutzen, dass ich in Zukunft anders agiere und eine Lehre daraus ziehen kann? Ich habe für mich selbst die Lehre gezogen, dass im Leben nicht alles planbar ist, dass ich mich mehr dem Fluss des Lebens hingeben sollte. Ich wollte künftig mit einer gewissen Leichtigkeit durchs Leben gehen und den Dingen ihren Lauf lassen.

Mir wurde auch klar, dass neues Leben etwas Besonderes ist, dass nicht einfach so entsteht. Ich wollte künftig bewusster leben und dieses wunderbare Geschenk, ein Kind empfangen und auf die Welt bringen zu dürfen, zutiefst schätzen und würdigen und mein Leben auf die wichtigen Dinge fokussieren und mich nicht mehr an Lappalien und Unwichtigem festklammern. Leben ist heilig und ich wollte alles dafür tun, um dieses Leben zu beschützen und meinem Kind meine Werte und Liebe mitgeben zu können.

2. Kapitel: Das Wunder unserer Tochter

Ich stand im Badezimmer und genoss die wunderbare Aussicht von unserer Dachwohnung aus. Ich konnte mein Glück kaum fassen, kaum vier Monate nach meinem Abort und dem Eingriff im Krankenhaus, zeigte der Schwangerschaftstest an, dass wir wieder ein Kind erwarteten! Ich war überwältigt und zutiefst dankbar! Niemals hätte ich gedacht, dass wir wieder so schnell nach unserem traumatischen Erlebnis guter Hoffnung sein dürfen! Ich durfte dadurch Weihnachten noch einmal erleben, denn das Weihnachtsfest war gerade vorüber und es waren noch drei Tage bis Silvester. Dies war mein schönstes Weihnachtsgeschenk, dass ich jemals erhalten habe, in meinem ganzen Leben. Gleichzeitig ermahnte ich mich, mich nicht zu früh zu freuen und einfach abzuwarten, was passieren würde.

Ich rannte sogleich hinunter in die Küche und erzählte meinem Mann von der frohen Botschaft. Auch er war ganz gerührt und glücklich, dass es so schnell wieder geklappt hatte. Nun konnten wir die Festtage ganz entspannt genießen und unseren Urlaub ruhig angehen. Der Silvesterabend war für uns etwas ganz Besonderes, als um Mitternacht das Feuerwerk losging, schauten wir von unserer Dachwohnung aus hinunter in dem ganz magischen Bewusstsein, dass sich unser Leben bald für immer ändern und wir nächsten Herbst zu Dritt sein würden! Unser Baby sollte Anfang September zur Welt kommen. Obwohl wir noch zurückhaltend waren und uns nicht zu sehr freuen wollten, waren wir dieses Mal sicher, dass es klappen würde. Wir waren einfach optimistisch, dass dieses Mal alles gutgehen würde.

Der Besuch beim Frauenarzt gestaltete sich dieses Mal auch ganz anders, zumal ich zu einem späteren Zeitpunkt hinging als bei meiner ersten Schwangerschaft. Es war der 9. Januar 2014, mein Geburtstag, an dem ich die erste Untersuchung hatte. Ich hoffte sehr, dass sich nun im Ultraschallbild etwas erkennen ließ, das auf einen Embryo hindeutete. Und tatsächlich, ich war zutiefst gerührt, als ich mich getraute, endlich hinzuschauen. Da war doch tatsächlich ein kleines Menschlein zu erkennen, mit Kopf, Bauch und kleinen Fortsätzen, woraus sich Arme und Beine entwickeln werden. Mein Mann und ich konnten es nicht fassen! Mit Tränen in den Augen schaute ich noch einmal auf den Monitor und war beruhigt: Es sah dieses Mal ganz anders aus als in meiner vorherigen Schwangerschaft. Unglaublich, unsere Gebete waren erhört worden. Jetzt war ich mir ganz sicher, dass wir im Herbst ein gesundes Baby in unseren Armen halten würden.

Am Abend gingen wir mit der ganzen Familie essen und verkündeten gleich die frohe Botschaft, da wir uns nicht mehr zurückhalten konnten. Meine Eltern freuten sich sehr für uns, zumal es ja auch noch mein Geburtstag war! Wir feierten einen sehr ausgelassenen Abend und genossen die Vorfreude in vollen Zügen. Irgendwann spät am Abend gingen wir alle glücklich und gelöst nach Hause.

Der Kampf beginnt

Ich war sehr aufgeregt und hoffte auch, dass mir niemand etwas anmerkte, als ich nach meinem Weihnachtsurlaub wieder in den Job zurückkehrte. Langsam setzte die Übelkeit ein und machte mir zu schaffen, aber ich musste so tun, als ob alles normal wäre. Auf keinen Fall sollten meine Kollegen so früh von meiner Schwangerschaft erfahren, zumal ich bis zur zwölften Woche abwarten und unbedingt vermeiden wollte, dass die Neuigkeit zu früh verbreitet werden würde. Außerdem war ich aufgrund meiner Fehlgeburt sehr vorsichtig geworden und hatte nur engste Familienmitglieder eingeweiht.

Die Arbeit ging mir nicht leicht von der Hand, am Jahresanfang hatte sich sehr viel angesammelt und ich musste mich zunächst durch Hunderte von Emails durchwühlen, bis ich auf dem aktuellen Stand war. Der Januar war sowieso ein schwieriger Monat, die Geschäfte liefen nicht so gut und viele Kollegen und Lieferanten waren mürrisch.

Die Übelkeit erwischte mich Mitte Januar mit voller Wucht, sie wurde immer schlimmer. Ich ernährte mich hauptsächlich von Reiswaffeln, was vor allem meine Kolleginnen misstrauisch machte. Ich erzählte etwas von Magenverstimmung und Magen-Darm-Grippe, um Spekulationen entgegenzuwirken.

Die Übelkeit war viel schlimmer, als ich mir diese ausgemalt hatte. Sie war ein ganz unangenehmes Gefühl, ein Schlag in den Magen, der ganze Bauch war davon betroffen. Ich fühlte mich, als ob ich rund-um-die-Uhr eine Grippe hatte und fühlte mich dementsprechend schwach. Der Begriff „Morgenübelkeit" hört sich schön und heiter an, vor allem aber begrenzt dieser die Übelkeit auf den „Morgen" bzw. „Vormittag", aber diese Definition stimmte in keiner Weise mit meiner Übelkeit überein, zumal sich diese 24 Stunden am Tag hielt und abends immer schlimmer wurde. Ich wusste gar nicht mehr, was ich essen sollte, trinken ging auch nur bedingt und keinesfalls Mineralwasser, der schwarze Tee blieb im Regal stehen, ich musste komplett andere Gewohnheiten entwickeln.

Schließlich hielt ich es nicht mehr aus und ließ mich eine Woche krankschreiben, da ich in diesem Zustand unmöglich einen 12-Stunden-Tag überstehen konnte. Außerdem musste ich zwei Stunden Fahrtzeit am Tag einplanen, bis ich endlich wieder zu Hause war. Erst abends ab 20 Uhr konnte ich mich nach einem Arbeitstag hinlegen, nachdem ich seit 6 Uhr morgens auf den Beinen war.

Der Firma ging es zudem immer schlechter, wir hörten täglich Hiobsbotschaften von eingestürzten Gewinnen, zumal die gesamte Branche einen immensen Einbruch erfuhr und praktisch täglich Solarhersteller und -händler Insolvenz anmelden bzw. gleich die Pforten schließen mussten. Selbst namhafte Unternehmen waren betroffen. Seit Monaten wurden zudem in unserer Firma Mitarbeiter entlassen, ein System war dabei nicht zu erkennen. Unser Abteilungsleiter riet uns dringend, uns neue Jobs zu suchen, da es jeden treffen konnte. Die ganze Atmosphäre war sehr bedrückend, zumal ich ja gerade meine Fehlgeburt hinter mir und damit bereits genügend Themen hatte, die es zu bewältigen galt. Auch schon vor meiner erneuten Schwangerschaft ließ ich mich von der Entlassungswelle nicht verunsichern und machte einfach meine Arbeit weiter. Ich wollte ja so gerne eine Familie gründen und konnte mir einfach nicht vorstellen, wieder von Null anzufangen, zumal ich grade 35 Jahre alt geworden war und nicht mehr ewig mit der Familienplanung warten konnte.

Darüber hinaus verstand ich mich mit meinem Chef, meinem unmittelbarem Vorgesetzten, sehr gut und konnte mir nicht vorstellen, dass unsere ohnehin stark begrenzte Belegschaft in der Abteilung noch weiter dezimiert werden würde.

Ein herber Rückschlag

Nach Rückkehr aus meinem Krankenstand war die Stimmung sehr gedrückt und deprimierend. Meine Übelkeit wurde zudem immer schlimmer, ich hätte gar nicht gedacht, dass noch eine Steigerung möglich ist. Ich hoffte einfach, den Arbeitstag gut zu überstehen, ohne mich permanent übergeben zu müssen.

Mein Chef war für zwei Tage angereist. Ich wunderte mich, dass ich ihn den ganzen Tag nicht zu Gesicht bekam, zumal ich ja seine persönliche Assistentin war. Gegen Mittag kam der Geschäftsführer zu uns ins Büro und fragte mit einer komischen Stimme, ob ich einen Termin mit meinem Chef ausmachen könne. Er hätte da etwas zu besprechen. Ich dachte mir Nichts dabei und habe darauf hingewiesen, wann mein Chef wo sein würde. Der Geschäftsführer bedankte sich und verließ unser Büro. Abends musste ich wieder lange arbeiten und kam entsprechend spät und gerädert nach Hause. Am nächsten Tag schleppte ich mich wieder ins Büro und ging meiner Arbeit nach. Gegen halb elf erschien mein Chef dann endlich im Büro und meinte sofort, dass wir etwas zu besprechen hätten. Ich musste alles stehen und liegen lassen und ihm sofort in den Besprechungsraum folgen. Mich beschlich ein ungutes Gefühl. Auf dem Weg zum Besprechungsraum erkundigte er sich, wie es mir denn gehe und ob ich eine Grippe gehabt hätte. Ich meinte nur, das sollten wir lieber unter vier Augen besprechen. Ich ahnte, dass ich ihm jetzt gleich von meiner Schwangerschaft berichten musste, obwohl ich unbedingt bis zur 12. SSW hatte warten wollte, wenn nicht gar länger. Wir setzten uns und er druckste ein wenig herum, ich merkte ihm an, dass ihm die nächsten Worte wohl extrem schwer fallen müssen.

Schließlich erklärte er ohne Umschweife, dass sich unser Geschäftsführer dazu entschlossen hatte, mir zu kündigen und unseren Arbeitsvertrag mit der entsprechenden Kündigungsfrist beenden wird. Ich war wie vom Donner gerührt, obwohl ich schon eine Ahnung hatte, in welche Richtung unser Gespräch gehen würde. Es fiel mir unendlich schwer, die Fassung zu wahren, da ich wirklich gute Arbeit geleistet und als Anerkennung mehrmals Gehaltserhöhungen erhalten hatte. Mein Chef hatte mir auch immer wieder bestätigt, welch hervorragende Arbeit ich leisten würde und sich für die vielen (natürlich unentgeltlichen) Arbeitsstunden bedankt.

Ich kam mir vor, als hätte mir der Geschäftsführer von hinten einen Dolch in den Rücken gerammt, als ich nicht hingesehen hatte. Darüber hinaus kam ich mir irgendwie auch betrogen vor, da ich so viel von meiner Zeit in die Arbeit investiert und wie erwähnt extrem viele Überstunden angehäuft hatte, um zu gewährleisten, dass die Projekte rechtzeitig fertig wurden, die ich oftmals erst in letzter Minute auf meinen Tisch bekommen hatte. Wie oft musste ich Verabredungen oder meinen Sport absagen, da ich wieder länger arbeiten musste. Natürlich war ich auch selbst daran schuld, ich hätte ja nach Hause gehen können. Leider oder auch glücklicherweise ist es mir zu eigen, andere Menschen nicht hängen lassen zu wollen und als wichtige Projekte erledigt werden mussten, gab es für mich keinen Anlass zu zögern, was für mich Priorität haben würde. So hatte ich dafür gesorgt, dass die anstehenden Aufgaben rechtzeitig fertig wurden.

Mir hatte meine Arbeit auch sehr viel Freude bereitet und so bin ich gerne länger geblieben. Für mich war dies gar kein Opfer in diesem Sinne. Mein Chef war sehr mitgenommen und ich merke ihm an, dass auch er mit den Tränen kämpfen musste.

Ich erkläre ihm, dass ich schwanger war und deshalb nicht zur Arbeit kommen konnte, da es mir sehr schlecht ging und geht. Erst langsam, als ich diese Worte sage, dämmerte es mir, dass mir ja eigentlich gar nicht gekündigt werden konnte, dass es rechtlich verboten ist und mir jedes Arbeitsgericht Recht geben würde. In meiner Wut und empfundenen Demütigung hatte ich dies überhaupt nicht bedacht. Auch meinem Chef dämmerte es langsam, dass der Tag eine überraschende Wendung nehmen würde. Plötzlich konnte er sich ein Grinsen nicht verkneifen und meinte, dass ihm diese Nachricht den Tag versüße.

Die Türe ging auf und der Geschäftsführer kam herein. Ich merke ihm an, dass er nun einstudierte Worte wählte, die er wohl schon oft verwendet hatte. Er schob mir das Kündigungsschreiben über den Tisch. Er sah sich gezwungen, mir gemäß der Kündigungsfrist zu kündigen und teilte mir noch mit, dass ich mich binnen drei Tagen bei der Agentur für Arbeit arbeitslos melden müsse. Mehr sagte er nicht dazu, was ich extrem enttäuschend fand, kein „Es tut mir leid" oder „Du hast tolle Arbeit geleistet", gar Nichts.

Ich holte tief Luft und versuchte meine Stimme einigermaßen ruhig klingen zu lassen. Ruhig erklärte ich ihm, dass ich die Kündigung sehr bedauere, ich aber schwanger bin und soweit ich weiß, mir nicht gekündigt werden kann. Natürlich war ich mir sicher, dass die Kündigung keinen Bestand mehr hatte, aber ich formulierte meine Aussage noch so höflich wie möglich, wobei ich ihm das Kündigungsschreiben wieder über den Tisch zuschob. Der Geschäftsführer fiel aus allen Wolken und stammelte herum, dass er dies erst überprüfen und mit der

Personalchefin reden müsse. Er war völlig aus dem Konzept gebracht, damit hatte er nicht gerechnet. Ich selbst hatte ja in den ersten Minuten des Gesprächs überhaupt nicht daran gedacht, sondern nur darüber nachgegrübelt, woran es liegen könnte, dass er mir kündigen möchte. Er verließ recht zügig den Raum, wobei ich mir jetzt ein Grinsen auch nicht mehr verkneifen konnte. Mein Chef und ich gingen wieder zum Büro zurück und warteten ab, welche Reaktion nun wohl folgen würde.

Als ich wieder im Büro saß, stürmte sofort eine gute Kollegin von mir ins Zimmer und wollte wissen, worüber wir so lange gesprochen hatten. Natürlich kursierten Gerüchte und Spekulationen im Raum, wen es als Nächsten treffen würde. Ich hätte ihr so gerne berichten wollen, um was es ging, aber ich musste mich schützen und abwarten, in welche Richtung das Gespräch noch gehen würde. Leider sprach es sich nach einer Weile doch herum und ich fühlte mich ziemlich schlecht, weil meine Kollegen die Nachricht nicht von mir direkt erfahren hatten. Das empfand ich rückblickend auch als sehr belastend, nicht zu wissen, wer schon davon erfahren hatte und wer nicht, wer sich schon die Köpfe heißredete und wer nicht. Und nebenbei sollte man die Arbeit wie gewohnt weitermachen, das verstand sich von selbst.

Wie sich herausgestellt hatte, hatte ich also am Tag vor meinem Gespräch den Termin mit dem Geschäftsführer und meinem Chef selbst ausgemacht, während dem er meinem Chef mitgeteilt hatte, dass er sich von mir trennen möchte – oder wie er es ausdrücken würde – muss. Der Geschäftsführer hatte also keine Skrupel, mich noch für den Termin einzuspannen, ich bedauere sehr, dass er nicht wenigstens diesen Termin, dessen Inhalt meine Kündigung war, selbst ausmachen konnte.

Beim Mittagessen wurde ich vom Geschäftsführer angesprochen, ob mich die Personalchefin angerufen hätte. Ich musste verneinen und fand es sehr seltsam, dass sie nicht das Gespräch mit mir gesucht hatte. Als ich wieder vor meinem PC saß, sah ich, dass sie mir eine Email geschickt hatte, in der sie um eine ärztliche Bescheinigung meiner Schwangerschaft bat, mehr nicht. Ich musste mich erneut ärgern, dass sie nicht in der Lage war, mit mir persönlich diese Situation zu besprechen, sondern per Email kommunizierte. Es war also zunächst absolut ungewiss, wie es genau weitergehen würde. Bei nächster Gelegenheit fragte ich den Geschäftsführer, ob die Sache mit der Kündigung erst einmal erledigt sei, sobald meine Bescheinigung eingegangen war. Er bestätigte, dass die Kündigung aufgehoben sei und ich diese nicht mehr beachten sollte. Natürlich fiel mir erst einmal ein Stein vom Herzen, andererseits kam ich mir sehr seltsam vor, weiterhin in dieser Firma zu arbeiten, als ob Nichts gewesen sei. Mein Vertrauen war erschüttert und es fiel mir schwer, weiterhin voll und ganz loyal zu sein.

Mein Chef freute sich sehr, dass die Kündigung abgewendet werden konnte, riet mir aber, mir doch einen neuen Job zu suchen, da das jetzige Umfeld in der Firma nicht gut für eine Schwangerschaft sein könne, womit ich ihm zunächst Recht geben musste.

Mittlerweile kann ich diese Sache etwas entspannter sehen und habe Abstand gewinnen können. Ich denke, dass die schlechten Absatzzahlen natürlich ein Handeln erforderlich machten, hinter das System der Kündigung bin ich allerdings bis heute nicht gekommen.

Ich muss mich mit diesen Themen auch nicht mehr beschäftigen, sondern habe – unabhängig von meiner Arbeitssituation – einen anderen Schwerpunkt in meinem Leben gesetzt, nämlich die Familie. Hier erfahre ich so viel Rückhalt und positives Feedback, wie ich es niemals in einem Beruf erhalten könnte. Wenn mich meine Tochter anlacht und umarmt oder sogar einen Kuss gibt, ist dies das schönste Gefühl auf der Welt und ich bin mir absolut sicher, auf der richtigen Schiene zu fahren. Ich muss nicht mehr auf externe Anerkennung hoffen, sondern erfahre durch das Geben innerhalb meiner

Familie so viel Respekt und Anerkennung, wie ich es nie zu hoffen gewagt habe.

Meiner Tochter viel von mir mitgeben zu können, von meinem Wesen, meiner eigenen Erziehung und meinen Ansichten, ist das Größte und Lohnendste für mich und kein Job auf der Welt kann damit konkurrieren.

„Hyperemesis Gravidarum"

Meine Übelkeit wurde leider immer schlimmer und ich fing an, mich ca. 6-8 Mal am Tag zu erbrechen. Nichts konnte ich mehr bei mir behalten, selbst Tee kam gleich wieder hoch. Die zusätzliche Belastung am Arbeitsplatz nagte an mir und hatte mein Krankheitsbild bestimmt zusätzlich noch verschlimmert. Ich wollte auf jeden Fall durchhalten und zeigen, dass ich weiterhin sehr gute Arbeit leisten würde, auch wenn es diese unschöne Situation gegeben hatte.

Leider hat mein Körper irgendwann nicht mehr mitgemacht. Ich musste wöchentlich eine weite Strecke zu meinem Frauenarzt fahren, um mir meine Krankmeldung abzuholen. Ich konnte einfach nicht mehr arbeiten. Mein Arzt meinte, er könne mich ja wöchentlich krank schreiben, was mir aber seltsam vorkam, zumal mein Krankheitsbild ja immer schlechter wurde. Hätte er diese nicht irgendwann behandeln sollen anstelle mich immer nur krank zu schreiben?

Aber ich hatte keine Kraft, eine geeignete Behandlungsmethode zu diskutieren. Wahrscheinlich ist dies wirklich so in der Schwangerschaft, dachte ich mir. Vielleicht ist es normal, sich so oft zu erbrechen, ich hatte ja keine Vergleichsmöglichkeit. Als ich meinen Arzt abermals darauf ansprach, meinte er nur, so schlimm könne dies doch nicht sein. Es kann nicht sein, dass ich gar Nichts essen könne. Wenn etwas 2 Stunden im Magen bliebe, reiche dies, dann könne der Körper schon genügend Nährstoffe aufnehmen. Ich blickte ihn skeptisch an, zu diesem Zeitpunkt hatte ich bereits 5 kg abgenommen und befand mich in der 11. SSW, also noch relativ am Anfang der Schwangerschaft. Ich fühlte mich wie ein Zombie und dehydriert. Ich bekam ständig zu wenig Flüssigkeit, vom Essen ganz zu Schweigen. Ich bewegte mich in einem Teufelskreis aus Essen, Erbrechen, Schwächeanfällen, wieder Essen, Erbrechen usw. Ich wusste nicht, wie ich mich daraus befreien sollte. Mein Arzt sah keine Veranlassung zu handeln.

Ich war bereits seit drei Wochen krank geschrieben und mir war schleierhaft, wann ich wieder in der Lage sein würde, zur Arbeit zu erscheinen. Irgendwann streikte mein Körper, ich glaube, es war alles zu viel: Die Belastung durch die Kündigungssituation, das ständige Erbrechen, zumal mein Immunsystem ja während der Schwangerschaft ohnehin heruntergefahren war und nicht zuletzt auch die Ungewissheit, was mit einem Kind alles auf mich zukommen würde. Ich freute mich riesig auf unser Baby, aber noch war die Situation recht theoretisch und ich konnte mir nur schwer vorstellen, wie ein Leben mit Baby sein würde.

Mein Job war mit vielen Fragezeichen versehen und ich beabsichtigte, für längere Zeit in Elternzeit zu gehen, ungeachtet der Turbulenzen im Büro. Mein Fokus lag also eindeutig auf Kindererziehung. Was würde passieren, wenn ich mich damit nicht identifizieren bzw. mich nicht in meine neue „Rolle" würde einfügen können? Ich arbeitete seit dreizehn Jahren und kannte nichts Anderes. Mein Haushalt kam bisher immer zu kurz und gekocht hatte ich auch noch nicht richtig. Ich war lediglich in der Lage, Spaghetti zu kochen, bei Soßen wurde es schon schwierig. Sprich, ich hatte keinerlei Möglichkeit, in meine neue „Rolle" hineinzuschnuppern und wusste gar nicht, was wirklich auf mich zukommen würde. Glücklicherweise kommt es bei der Kindererziehung nicht darauf an, ein Spitzenkoch zu sein, sondern darauf, seine inneren Werte und Richtlinien weiterzugeben. Dennoch blieb natürlich eine gewisse Unsicherheit zurück, ob ich in der Lage sein würde, unser Kind großzuziehen.

Jedenfalls handelte ich mir nach wochenlangem Erbrechen eine heftige Grippe ein, gefolgt von Fieberattacken, Gliederschmerzen und noch heftigerem Erbrechen. Nun war an jegliche Aktivität überhaupt nicht mehr zu denken, ich konnte nur noch auf dem Sofa liegen und etwas vom Tee nippen, den mir mein Mann brachte. Natürlich musste er seinen Arbeitsalltag bewältigen und war tagsüber nicht zu Hause. So blieb ich also mir selbst überlassen.

Ich hatte die Befürchtung, dass ich mir nicht einmal mehr meine Krankmeldung würde abholen können, wie sollte ich eine Autofahrt von einer Dreiviertelstunde auf der Autobahn bewältigen? Schließlich gab ich es auf, darauf zu hoffen, dass ich es schon irgendwie schaffen würde, das Erbrechen in den Griff zu bekommen. Ich rief meine Eltern und meinen Mann an und teilte mit, dass ich mich selbst in die Klinik einweisen werde. Andernfalls würde ich „vor die Hunde gehen", ich musste auch an unser ungeborenes Kind denken. Mein Mann kam nach Hause geeilt und fuhr mich ins nächstgelegene Krankenhaus. Ich hatte derweil zu Hause alles gepackt, so dass ich mehrere Tage im Krankenhaus bleiben konnte.

Die Ärzte im Krankenhaus waren entsetzt, als sie mich sahen und fragten, wie lange denn mein Zustand schon anhalten würde. Als ich antwortete, ca. vier Wochen, schlugen sie die Hände über dem Kopf zusammen und konnten nicht glauben, dass ich erst jetzt gekommen war. Ich erklärte, dass mein Frauenarzt immer wieder beteuert hat, dies sei eine Begleiterscheinung meiner Schwangerschaft und „normal". Natürlich hatte ich auch selbst bis dahin keine Veranlassung gesehen, mich stationär behandeln zu lassen. Sie fragten, wie ich es so lange überhaupt ausgehalten hatte und konnte dies leider auch nicht richtig erklären. Ich meinte, dass ich mich von Tag zu Tag geschleppt und eben nur Tee und Suppen zu mir genommen hatte, die aber natürlich sofort wieder rausgekommen sind.

Ich hörte zum ersten Mal, dass ich unter einer Schwangerschaftserkrankung leide, die sich „Hyperemesis Gravidarum" nennt, die überhaupt Nichts mit der sog. „Morgenübelkeit" gemeinsam hat. Die „Morgenübelkeit" ist eine Begleiterscheinung der Schwangerschaft, ich hingegen litt an einer Schwangerschaftserkrankung, an unstillbarem Erbrechen mit Folge der Dehydrierung und schlimmstenfalls des Kollapses. Hier muss ganz klar zwischen Begleiterscheinung und Erkrankung unterschieden werden, denn bei z.B. Schwangerschaftsdiabetes versucht auch kein Arzt, dies als normale Begleiterscheinung herunterzuspielen.

Ich würde sofort rund-um-die-Uhr eine Infusionstherapie mit Kochsalzlösung benötigen, so dass die Dehydrierung ausgeglichen und der Körper wieder zu Kräften kommen konnte. Ich traute meinen Ohren nicht, als ich dies hörte. Da hatte ich mich wochenlang durch die Tage geschleppt und schon an mir selbst gezweifelt, warum ich nicht in der Lage war, ganz normal weiterzuarbeiten, schließlich ist eine Schwangerschaft doch keine Krankheit. Meine Kollegin hatte zu mir ganz lapidar gesagt, dass sie „während ihrer Schwangerschaft ihren Umzug in die USA komplett geplant und durchgeführt hätte" und mich mitleidig angeschaut. Es war ihr an der Stirn abzulesen, dass sie mich für komplett verweichlicht gehalten hatte, dass ich es nicht einmal schaffte, einen Arbeitstag im Büro hinter mich zu bringen, wo sie doch sogar in die USA ausgewandert war. Tatsächlich fühlte ich mich wirklich wie ein Versager, ich wollte ja unbedingt weiterarbeiten und in dieser schwierigen Situation zeigen, dass ich weiterhin gute Arbeit abliefern konnte.

Langsam verstand ich, dass ich gar nicht in der Lage dazu war, weiterzuarbeiten, dass ich ernsthaft an einer Schwangerschaftserkrankung litt, die sich natürlich über die Wochen hinweg immer verschlimmert hatte, da ja keinerlei Therapie erfolgt war. Ganz allmählich durch-drang mich die blanke Wut auf meinen Frauenarzt, der mich wochenlang hatte leiden lassen. Er hatte einfach nicht erkannt, dass ich wirklich Nichts mehr bei mir behalten konnte. Vermutlich hatte er so einen Fall noch nie in seiner Praxis, was ich aber nicht wirklich glauben kann, da er zu dieser Zeit schon mehr als dreißig Jahre im Dienst war. Mittlerweile habe ich erfahren, dass ca. 2 %

aller Schwangeren an „Hyperemesis Gravidarum" leiden. Leider zählte ich also zu den 2 %.

Mir ging es so elend, als ich stationär im Krankenhaus aufgenommen wurde, dass ich mir aber zunächst keine Gedanken mehr über meinen Arzt machen konnte. Ich wollte nur, dass dieser Zustand endlich aufhörte. Ich befand mich in der 14. SSW, einer Zeit, in der bei den meisten Schwangeren die Übelkeit schon wieder aufhört. Eine Krankenschwester brachte mir Hagebuttentee, den ich misstrauisch beäugte. Schon im Nicht-schwangeren-Zustand konnte ich Hagebuttentee Nichts abgewinnen und nun sollte ich Früchtetee zu mir nehmen. Jeder, der mit Magenproblemen zu kämpfen hat, weiß, dass Früchtetee bei Magenverstimmungen ein No-Go ist, ein paar Schlucke Schwarztee mit Traubenzucker ist das Höchste der Gefühle. Natürlich kam der Hagebuttentee sofort wieder hoch, ich konnte also wieder keine Flüssigkeit zu mir nehmen. Endlich wurde ich an die Kochsalzinfusion angeschlossen und konnte mich ins Bett legen. Es war mittlerweile kurz vor Mitternacht.

Leider hatten wir noch meine Bettnachbarin geweckt, bis wir endlich mit dem Gepäck im Zimmer waren. Sie war aber sehr nett und befand sich in einer ähnlichen Situation wie ich, sie hatte also Verständnis.

Ich musste die ganze Nacht hindurch würgen und erbrechen, obwohl Nichts im Magen war, auch am Morgen konnte ich nicht einmal meine Bettnachbarin begrüßen, da ich von Krämpfen geplagt wurde, die durch das ständige Erbrechen eine Begleiterscheinung geworden waren. Erst nach ca. zwei Tagen ständiger Infusionstherapie gelang es mir, einigermaßen ohne Krämpfe über den Tag zu kommen und hin und wieder einen Schluck Tee zu mir zu nehmen. Das Erbrechen hielt aber weiterhin an, mein Magen war einfach nicht mehr gewohnt, Nahrung aufzunehmen bzw. mein Gehirn war so auf Essen und Erbrechen programmiert, dass ich nicht mehr aus diesem Teufelskreis herauskam. Durch das wochenlange Nicht-Behandeln meiner Erkrankung war sie sehr weit fortgeschritten, was schließlich auch die Ärzte bemerkten. Zumindest bekam ich über die Infusion Flüssigkeit und fühlte mich ein klein wenig besser.

Ich rief bei meinem Arbeitgeber an und schilderte die Situation, die Kollegin am Empfang war einfühlsam und sehr freundlich. Leider konnte ich nicht genau sagen, wann ich wieder ins Büro würde kommen können.

Nach ca. acht Tagen schlug mir die Oberärztin vor, ein Medikament zu probieren, das bislang bei „Hyperemesis Gravidarum" sehr gute Wirkung gezeigt hatte, da man in meinem Fall leider nicht mit Infusionstherapie auskommen werde. Allerdings war dieses Medikament offiziell nicht zugelassen, da es kaum Studien darüber gab und - soweit ich weiß - auch heute noch nicht zugelassen ist, ein sog. „Off-label-Produkt". Entwickelt wurde dieses Medikament namens „Ondansetron" in Dänemark und wird hauptsächlich bei Patienten in der Chemotherapie eingesetzt. Durch die Chemotherapie wird der Magen stark angegriffen, so dass „Ondansetron" diesen beruhigen soll.

Mich beschlichen starke Zweifel, ob ich dieses Medikament einnehmen sollte. Viele Schwangere nehmen nicht einmal ein „Aspirin" zu sich und ich soll nun durch blindes Vertrauen ein Medikament einnehmen, das noch gar nicht zugelassen worden ist? Was geschieht, wenn es unserem Baby schadet? Die Ärztin versicherte mir zwar, dass es unserem Baby sehr gut gehe und keinerlei Nebenwirkungen für das Kleine zu erwarten wären, aber reichte mir das aus? Wie sollte ich abwägen, was in dieser Situation das Beste ist?

Rückblickend muss ich sagen, dass ich während meiner Schwangerschaft noch vor vielerlei solchen Entscheidungen stehen würde und ich mich nur auf mein Bauchgefühl verlassen konnte. Ich hatte keinerlei Gewissheit, ob ich die richtige Entscheidung traf. Ein sehr beunruhigendes Gefühl, man tappt im Dunkeln und kann sich nur auf seine innere Stimme verlassen, welcher Weg der richtige sein würde. Ich war es bislang gewohnt, mich nur auf meinen Verstand zu verlassen, Gefühle kamen eher erst an zweiter Stelle.

Nun stand ich also vor einer schwerwiegenden Entscheidung: Dachte ich in erster Linie an mich oder an unser Baby? Mein Mann beruhigte mich und meinte, wenn dieses Präparat Chemopatienten gegeben wird, dann kann es nicht so enorm stark sein, da das Immunsystem dieser Patienten extrem heruntergefahren und der Magen auch stark angegriffen sei. Wirklich beruhigend fand ich dies nicht, meine Bettnachbarin lehnte dieses Medikament bei sich kategorisch ab. Sie wolle es anhand Homöopathie und anthroposophischen Medikamenten versuchen.

Letztendlich traf mein Körper die Entscheidung, mir ging es nach wie vor schlecht und wenn ich in nächster Zeit etwas zu mir nehmen wollte, so musste nun gehandelt werden. Unserem Baby ging es gut und ich dachte, es ist an der Zeit, dass es mir auch wieder besser geht. So hätte ich natürlich auch viel mehr Kraft für die Schwangerschaft und unser Baby. Ich nahm also drei Mal am Tag eine Tablette „Ondansetron" ein. Nebenwirkungen zeigten sich keine, erst später kam eine schlimme Darmträgheit hinzu.

Ein Wunder geschah:

Durch das Medikament wurde das Brechzentrum im Gehirn mit den Nerven im Magen unterbrochen, so dass die Aufforderung „Erbrechen" vom Gehirn nicht mehr weitergeleitet werden konnte bzw. keinen Adressaten mehr fand. Das Erbrechen hörte mit einem Schlag auf. Ich kann gar nicht schildern, was für eine Befreiung das war. Endlich konnte ich kleine Mengen an Nahrung zu mir nehmen und diese auch bei mir behalten! Ein unbeschreiblich tolles Gefühl! Menschen, die dies nicht erlebt haben, können dies sicherlich nicht nachvollziehen, da Essen und Verdauen für sie selbstverständlich ist. Für mich war es dies aber keinesfalls mehr, normalste Abläufe im Körper waren für mich wieder eine Offenbarung! Ich dachte mir, dass der Körper doch ein Wunderwerk der Natur ist, was er alles leistet und zustande bringt. Und nebenbei entsteht auch noch ein kleiner Mensch in meinem Bauch! Einfach unglaublich!

Leider sind solche Abläufe oft viel zu selbstverständlich, sie werden einfach so hingenommen. Erst wenn ein Ablauf nicht mehr reibungslos verläuft, wird man hellhörig und wütend, weil es nicht so klappt wie erhofft. Nach meiner Fehlgeburt war eine Schwangerschaft für mich keinesfalls selbstverständlich, so dass ich darauf Acht gab, wie auf meinen Augapfel und das Kostbarste, was ich besitze. Ich war in ständiger Alarmbereitschaft, was und ob als Nächstes etwas gravierend Schlimmes geschehen würde und durch meine Schwangerschaftserkrankung war ich darüber hinaus besonders alarmiert.

Ich hatte unendliches Glück: Durch die Einnahme des Medikaments erfuhr unser Baby keinerlei Nebenwirkungen und gedieh weiterhin prächtig. Mir selbst ging es immer besser, so dass ich nach zwölf Tagen entlassen werden konnte, natürlich nur mit der Bedingung, mich zu Hause maximal zu schonen. Eine so schwerwiegende Erkrankung erfordere viel Zeit, bis sie vollständig behandelt sei. Auch solle ich weiterhin „Ondansetron" einnehmen. Mit der Ärztin führte ich noch ein längeres Entlassungsgespräch, in dem es darum ging, wie ich meine Schwangerschaft wahrnehmen würde und ob irgendwelche Ängste bestehen würden. Oft spiele die Psyche bei solchen Erkrankungen auch mit eine Rolle. Ich berichtete ihr vom vielen Stress, den ich durch meinen Job erfahren hatte und dass ich mir auch Gedanken über die Zukunft mit Baby machen würde.

Sie meinte, ich solle mir überlegen, ob mir der Beruf noch so viel Kraft gibt oder hauptsächlich ein Krafträuber ist. Sie legte mir auch nah, mich mehr mit meiner Schwangerschaft zu identifizieren und Gedanken jeglicher Art zuzulassen. Es sei jedoch normal, sich mit Ängsten konfrontiert zu sehen.

Nach und nach kam mir der Gedanke, dass es in meinem Beruf und nicht zuletzt in meinem Job nur darauf ankommt, maximale Leistung abrufen und abliefern zu können, Schwächen haben hier leider keinen Platz. Durch die Schnelllebigkeit der Branche sind zudem schon zwei Fehltage eine Ewigkeit, da sich in dieser Zeit wieder Konditionen und Preise und nicht zuletzt die politische Lage hinsichtlich der Bezuschussung verändert haben können. Es genügt also nicht, die tägliche Arbeit zu leisten, darüber hinaus müssen noch täglich Nachrichten, politisches Geschehen und Situationen der Konkurrenz, Lieferanten etc. in Eigenregie (und auf Kosten der Freizeit) recherchiert werden. Im Tagesgeschäft fehlt dazu die Zeit, aber es wird erwartet, dass jeder Mitarbeiter (der entsprechenden Abteilungen) täglich auf aktuellem Stand ist.

Ich hatte bisher eigentlich immer die Befürchtung, dass mir meine Schwangerschaft dabei im Weg sein könnte, maximale Leistung abrufen zu können, was ja letztendlich auch der Fall war. Ich wolle schwanger sein, aber dennoch weitermachen wie bisher. Mein Körper zwang mich nun, umzudenken. Ich wollte und musste mich auf unser Baby konzentrieren, zumal ich es nach meiner Fehlgeburt nicht verantworten konnte, die Gesundheit unseres Babys zu gefährden und es schlimmstenfalls auch noch zu verlieren. Permanenter Stress war da sicherlich nicht hilfreich.

Ich wollte es auch nicht mehr zulassen, dass ich meine Schwangerschaft als etwas „Hinderliches" sah, was mich daran hinderte, meiner Arbeit nachkommen zu können. Zwar denke ich nicht, dass der Stress im Büro und die seelischen Umstände die Auslöser für meine Schwangerschaftserkrankung waren, jedoch waren diese wichtige Bestandteile für mein Unwohlsein, die nicht zuletzt meine Erkrankung weiter vorangetrieben und verschlimmert hatten.

Außerdem war ich durch die gerade erst überstandene Erkrankung noch sehr schwach und noch lange nicht wieder hergestellt, zumal mir die Ärzte dringend nahe legten, mich zu schonen und erst langsam wieder größere Mahlzeiten zu mir zu nehmen. Ich befand mich in der 16. SSW und wog bei einer Größe von 1,72 m gerade einmal 52 kg.

Neuanfang

Ich kehrte glücklich und gelöst aus dem Krankenhaus nach Hause zurück und nahm mir vor, Einiges zu ändern und meine Prioritäten neu zu ordnen. Als erste Aktion machte ich einen Termin bei meinem Frauenarzt aus, um ihm die Fakten zu präsentieren und mit ihm über ein Beschäftigungsverbot zu sprechen. Ich konnte es nicht mehr verantworten, auf Kosten meiner Gesundheit und meines Babys zu agieren, diesen Warnschuss konnte ich nicht mehr ignorieren. Mir erschloss sich auch nicht mehr der Sinn, für die Firma maximale Opfer zu erbringen, die eigentlich beschlossen hatte, mich loszuwerden und dies nicht geschafft hatte. Ich nahm mir vor, an mich und unser Baby zu denken und mich nicht mehr ablenken zu lassen. Ich fühlte mich bestärkt durch die Tatsache, dass es mir sichtbar besser ging, nachdem meine Erkrankung behandelt wurde und ich endlich einmal im Bett bleiben konnte. Jahrelang war für mich mein Beruf an erster Stelle gekommen, nun hatten sich die Prioritäten neu verschoben und ich freute mich unendlich darauf, diese zu leben.

Endlich konnte ich mich mit meiner Schwangerschaft identifizieren und hatte zu Hause auch zum ersten Mal Zeit, Fachliteratur zu lesen und mich mit diesem Thema eingehender zu befassen.

Bei dieser Gelegenheit las ich mir auch die Schwangerschaftserkrankungen durch, die zwar höchst selten sind, jedoch ohne Weiteres bei jeder Frau vorkommen können. Durch die Tatsache, dass weder meine Mutter noch meine Schwester jene extreme Übelkeits- und Erbrechensform kannten und auch nicht am eigenen Leib erfahren hatten, wäre ich niemals auf die Idee gekommen, dass es mich treffen könnte bzw. war in unserer Familie „Hyperemesis Gravidarum" gar nicht bekannt. Ich erfuhr, dass diese Erkrankung auf jeden Fall per Infusionstherapie behandelt werden muss und ggf. mit weiteren Medikamenten, sollte diese nicht anschlagen. Auch können Frauenarztpraxen jederzeit selbst Infusionen vornehmen oder zumindest an den Hausarzt verweisen, der diese Infusionen verabreichen kann.

Wieder fiel ich aus allen Wolken und meine Wut auf meinen Frauenarzt steigerte sich noch weiter. Warum waren mir nicht sofort diese Infusionen verabreicht worden und sei es nur, dass die Begleiterscheinungen wie Erbrechen und Abgeschlagenheit gemildert werden konnten? Es wäre doch wirklich kein großer Aufwand für ihn gewesen. Leider hatte er anscheinend meine Erkrankung überhaupt nicht wahrgenommen und als solche gar nicht diagnostiziert. Wahrscheinlich ging er davon aus, dass ich übertrieb, schließlich schaffte ich es ja noch, in die weit entfernte Praxis zu kommen. Hätte ich gewusst, dass ich unter einer Erkrankung leide, hätte ich mich keinesfalls so lange durch die Tage geschleppt und wäre gleich ins Krankenhaus gegangen. Dann wäre sicherlich auch die Erkrankung nicht so weit fortgeschritten gewesen, dass es zwölf Tage dauerte, um mich wieder einigermaßen an feste Nahrung zu gewöhnen. Eigentlich ein Wunder, dass es unserem Baby so gut ging und die Erkrankung keinerlei Auswirkung zu haben schien.

Allerdings machte ich mir wirklich Sorgen, dass meine schlechte körperliche und auch psychische Verfassung Auswirkungen auf unser Baby haben könnte. Durch den wochenlangen Teufelskreis aus Essen und Erbrechen hatte ich keinerlei Freude an meiner Schwangerschaft empfinden können, zudem nagten ständig Zweifel an mir, warum ich mit der Übelkeit nicht fertig wurde, wenn es doch vermeintlich so vielen Frauen ähnlich erging. Diese Selbstzweifel in einer Zeit, in der sowieso alles durch die anstehende neue Lebenssituation mit Kind im Umbruch stand und bei mir sogar noch die Arbeitssituation hinzukam, hätte mir mein Arzt wirklich ersparen können. Dadurch wäre es mir deutlich leichter gefallen, meine Schwangerschaft genießen zu können.

Darüber hinaus machte ich mir auch weiterhin Gedanken, ob die Einnahme von „Ondansetron" nicht doch bleibende Schäden hinterlassen würde.

Ich legte meinem Arzt die Fakten vor, dass ich die vergangenen zwölf Tage stationär in Behandlung war und übergab ihm den Abschlußbericht des Krankenhauses. Er war sehr in den Bericht vertieft und sagte auch längere Zeit kein Wort. Natürlich konnte er nicht direkt zugeben, dass er einen massiven Fehler gemacht hatte, aber es war ihm deutlich anzumerken, dass ihn das schlechte Gewissen plagte.

Er erkundigte sich sehr fürsorglich, wie es mir denn jetzt gehe und was er mir denn Gutes tun könne bzw. ob ich diverse Medikamente brauchte. Darüber hinaus schlug er vor, ein Beschäftigungsverbot auszustellen, so dass ich mich endlich regenerieren und wieder auf die Beine kommen konnte. Ich war erleichtert, dass er meine Erkrankung endlich wahrnahm und nicht mehr herunterspielte. In Anbetracht meiner Krankengeschichte und den letzten Ereignissen im Krankenhaus stimmte ich dem Beschäftigungsverbot zu. Es war ein gutes Gefühl, dieses Beschäftigungsverbot in den Händen zu halten, gleichwohl überkam mich etwas Furcht, ob es mir gut gelingen würde, die nächsten Monate ohne Arbeit zu überbrücken. Ich war ja erst im dritten Monat schwanger und hatte also noch sechs Monate bis zur Geburt vor mir. Mein Beschäftigungsverbot umfasste ein sofortiges Verbot jeglicher Arbeit, also auch der Büroarbeit, bis zum Tag der Geburt. Ich musste also nicht mehr vor Geburt in der Firma erscheinen. Rückblickend war es die beste Entscheidung, die mein Arzt und ich haben treffen können. Ich konnte ja nicht ahnen, dass das Krankenhaus mein zweites Zuhause werden würde und freute mich schon auf Nachmittage im Freibad.

Ich machte sogleich Kopien meines Beschäftigungsverbotes und schickte dieses meinem Arbeitgeber zu. In den nächsten Tagen übergab ich meine noch anstehenden Aufgaben so weit wie möglich noch meinen Kollegen. Da ich nicht mehr vor der Geburt unseres Babys in der Firma würde erscheinen müssen, machte ich mich daran, mich von all meinen Geschäftspartnern wie Lieferanten zu verabschieden. Ich wollte ja nach der Geburt auf jeden Fall längere Zeit in Elternzeit gehen, ich würde also in jedem Falle eine Vertretung benötigen.

Mein Abschied von unseren Geschäftspartnern schlug in der Firma wie eine Bombe ein und die Spekulationen häuften sich.
Warum verabschiedete ich mich?

Leider machte sich niemand zunächst die Mühe, die Kollegen über mein Beschäftigungsverbot zu informieren. Mittlerweile wunderte mich dies nicht mehr. Statt dessen häuften sich die Annahmen, dass ich vielleicht überredet worden sei, selbst zu kündigen und eine entsprechende Abfindung erhalten hätte. Es wussten ja die wenigsten Kollegen darüber Bescheid, dass ich schwanger war. Wieder war ich enttäuscht, dass sich nicht wenigstens die Mühe gemacht wurde, die Kolleginnen und Kollegen aus meiner Abteilung offiziell zu informieren. Leider kam keinerlei Reaktion oder Rückmeldung bezüglich meines Beschäftigungsverbotes. Ich fühlte mich abermals bestärkt, den für mich richtigen Weg zu beschreiten.

Erstmals kehrte etwas Ruhe in mein Leben ein, seit ich Ende Dezember von meiner zweiten Schwangerschaft so angenehm überrascht worden war. Es war Mitte März und es ging mir allmählich besser.

Trotzdem musste ich beinahe jeden Tag an unser erstes Kind denken, es war nicht mehr lange hin bis zum 11. April, dem Entbindungstermin für unser erstes Baby. Nicht einmal einen Monat später wäre ich schon Mutter geworden, wenn mit meiner ersten Schwangerschaft alles gut gegangen wäre. Ich trauerte sehr um unser Baby, obwohl ich es kein einziges Mal gesehen hatte und nur verschwommene Ultraschallbilder im Kopf hatte. Ich hatte keinen physikalischen Ort, an den ich mich wenden konnte, keine Grabstätte oder Andenken. Heute bedauere ich, dass mein Mann und ich uns nicht in einer Art Ritual von unserem Baby verabschiedet und symbolisch eine kleine Begräbnisfeier veranstaltet hatten. Dieser Gedanke ist mir erst viel später gekommen, aber zu jener Zeit waren wir so in unserer Trauer gefangen, dass wir auf diese Idee gar nicht gekommen waren. Wir hatten niemals damit gerechnet, dass wir unser Kind verlieren könnten und uns dementsprechend noch nie mit dem Thema Fehlgeburt und Abschied auseinandergesetzt.

Einen kleinen symbolischen Akt habe ich dennoch unternommen: Ich habe meinen ersten Mutterpass zusammen mit allen Arztberichten und Krankenhausdokumenten in eine kleine Kiste gepackt und noch einmal die Geschehnisse an mir vorbeiziehen lassen. Ich brachte es aber nicht über mich, den Mutterpass noch einmal zu lesen, da dies für mich zu schmerzhaft gewesen wäre. Anschließend habe ich die Kiste verschlossen und mir vorgestellt, damit auch meine Gedanken „einzuschließen", diese keinesfalls zu verdrängen oder zu vergessen, sondern symbolisch „wegzuräumen". Nur so konnte es mir gelingen, weiterzumachen und nicht tagtäglich derart im Schmerz gefangen zu sein, dass ich nur noch daran denken konnte. Aber es musste noch sehr viel Zeit ins Land gehen, bis dieser Schmerz geheilt war, wenn dies denn überhaupt jemals möglich sein sollte. Eine Narbe wird immer zurück bleiben und natürlich unsere Erinnerungen und die Trauer um unser erstes Kind.

Aber nun durften wir uns auf unser zweites Baby freuen und diese Freude überwog die Ängste und den Stress der letzten Wochen. Natürlich war ich sehr alarmiert und ging zunächst vom Schlimmsten aus, wenn ich zu meinem Frauenarzt fuhr. Ich hatte in der Zwischenzeit mehrere andere Arztpraxen aufgesucht, da ich unbedingt meinen Arzt wechseln wollte. Leider hatte ich bislang keine guten Erfahrung gemacht, was andere Ärzte betraf und so musste ich mich noch etwas gedulden.

Mein Arzt hingegen beruhigte mich bei der nächsten Untersuchung, dass unser Baby voll und ganz dem Schwangerschaftsalter entsprechend entwickelt sei, nur ich müsse noch auf die Beine kommen. Mir fehlten immer noch fünf Kilo zu meinem Ausgangsgewicht vor der Schwangerschaft, eigentlich dachte ich, dass ich während meiner Schwangerschaft entsprechend zunehmen würde, was mir aber bisher nicht geglückt war. Ich war so dünn und ausgemergelt wie noch nie zuvor und niemand hätte angenommen, dass ich schwanger war, obwohl ich am Anfang des fünften Monats stand. Ich hatte noch nicht einmal den Ansatz eines Bauches und machte mir langsam Sorgen, wie unser Baby in knapp vier Monaten so viel an Gewicht zulegen konnte, dass es auf hoffentlich drei Kilo würde kommen können. Und wie ich an Gewicht zulegen konnte, dass ich einigermaßen über die Runden kam.

Meine Mutter war auch sehr erstaunt, dass es eine Schwangerschaftserkrankung mit unstillbarem Erbrechen überhaupt gab, sie musste sich während ihren Schwangerschaften jeweils zwei bis drei Mal insgesamt übergeben. Ich habe natürlich nicht nachgezählt, wie oft ich mich erbrechen musste, aber fünf bis sechs Mal am Tag sicherlich. In der Nacht wurde es am Schlimmsten, dann kamen noch einmal drei Mal hinzu. Addiert man diese Summe auf acht Wochen auf, kommt eine schwindelerregende Zahl dabei heraus: Ich muss mich ca. 200 Mal übergeben haben! Ich bin selbst etwas erschrocken, wenn ich diese Zahl sehe, aber vielleicht können die Leserinnen und Leser nun etwas besser nachvollziehen, wie schlecht es mir in den ersten Wochen ergangen ist und wie schwer mein Kampf war.

Ich konnte nur nach und nach etwas an Gewicht zulegen. Nach ca. einer Woche, nachdem ich aus dem Krankenhaus entlassen worden war, stellte ich die Einnahme von „Ondansetron" ein. Das Erbrechen hatte schlagartig aufgehört und nach und nach auch die Übelkeit. Leider stellte sich nun eine Nebenwirkung ein, von der ich schon auf dem Beipackzettel gelesen hatte und die sich in meinen Augen noch als die Harmloseste anhörte: Darmträgheit bzw. Verstopfung. Anscheinend hatte „Ondansetron" nicht nur das Brechzentrum zum Magen hin unterbrochen, sondern auch den gesamten Magen-Darm-Trakt lahm gelegt. Es gelang mir nicht mehr, auf die Toilette zu gehen und ich probierte sämtliche Medikamente aus, die während einer Schwangerschaft überhaupt möglich waren. Nichts davon half, erst nach sieben Tagen stellte sich langsam Besserung ein, aber wieder ging ich durch eine schwere Zeit und konnte meine Schwangerschaft nicht „genießen", sofern dieses Wort überhaupt in Bezug auf eine Schwangerschaft zutreffend sein kann, was ich bezweifele.

Ich reichte bei meinem Arbeitgeber drei Jahre Elternzeit ein, da ich mir in der Zwischenzeit gut vorstellen konnte, eine längere Auszeit zu nehmen, um mich ganz der Erziehung unseres Kindes zu widmen. Mein Chef ließ ein kurzes Bestätigungsschreiben aufsetzen, damit war die Sache erledigt, zumal die Elternzeit sowieso nicht der Zustimmung des Arbeitgebers bedarf, jedoch schriftlich beantragt werden muss.

Ich vermisste meine Arbeit nicht wirklich, sondern war erleichtert, dass ich mir die Ruhe gönnen durfte, um für meine Gesundheit und für die unseres Babys sorgen zu können. Ich bewunderte insgeheim die Frauen, die trotz Schwangerschaft bis zum Mutterschutz arbeiten gehen konnten, sagte mir aber auch, dass ich eine ganz andere Schwangerschaft hatte und es letztlich nur darauf ankommen würde, ein gesundes Kind in den Händen zu halten, nicht darauf, wer wieviel geleistet hatte.

Ich versuchte darüber hinaus, mich von dem Leistungsgedanken zu verabschieden, der in meinem bisherigen Leben so viel Platz eingenommen hatte. In meinem neuen Aufgabengebiet würde es auf ganz andere Dinge ankommen, wie Liebe und Fürsorglichkeit schenken, Geborgenheit geben, seine Werte weiterzugeben, sich mit seinem Kind auseinanderzusetzen und es ernst zu nehmen und bestmöglichst zu fördern. Es würde nicht darauf ankommen, wieviel ich von meinen Werten in welcher Zeit weitergeben konnte und was wir alles am Tag „geleistet" hatten. Wenn unser Kind glücklich ist, lacht und einen schönen Tag hatte, ist dies für mich die größte Belohnung, die ich mir vorstellen kann und zugleich Bestätigung. Die Prioritäten werden sich dahingehend verschieben inwieweit es meinem Kind gut geht und was ich alles für sein Wohlergehen tun kann, in welcher Weise auch immer. Meine eigenen Bedürfnisse werden zunächst in den Hintergrund rücken, es geht nicht mehr darum, was ich möchte und erreichen will. Darauf freute ich mich ungemein, dass nicht ich im Zentrum stehen würde, sondern ein kleiner Mensch mit ganz eigenen Bedürfnissen und Wünschen, die bestimmt nicht immer deckungsgleich mit meinen sein würden.

Welch große Herausforderung, sich dieser Sache anzunehmen, die nicht kalkuliert werden kann. Niemand kann Dir sagen, wie Dein Kind sein und Dein Alltag aussehen wird. Gerade diese Tatsache fand ich spannend, sich darauf einzulassen und sich auf neues „Terrain" zu wagen, sozusagen raus aus der Komfortzone zu kommen.

Ich wollte nicht mehr in alten Strukturen verweilen und um Einflussnahme und Position kämpfen müssen, immer mehr leisten zu müssen bis zur Selbstaufgabe. Ich wollte auch einen anderen Bereich kennen lernen und mir eine eigene Familie aufbauen. Was ich hier investieren würde, würde direkt unserer Familie und Zukunft zugute kommen, nicht einer Firma mit maximaler Gewinnausbeute. Zum ersten Mal im Leben konnte ich in ein eigenes „Projekt" investieren und war selbst mein Chef. Niemand würde mir sagen, was ich wie zu tun hätte und in welcher Zeit. Ich würde in etwas „Bleibendes" investieren. Nun saß ich am Ruder und steuerte unser kleines

Familienboot. Mein Mann würde dafür sorgen, dass wir gut über die Runden kommen würden und uns um finanzielle Dinge keine Sorgen machen mussten. Darüber hinaus würde er mich natürlich in der Erziehungsarbeit unterstützen.

Mutter-sein als Beruf

Ich sah die Elternzeit auch nicht als eine Zeit an, die nur als Unterbrechung zum Beruf diente. Ich hatte schlagartig einen neuen Beruf, den Beruf der „Mutterschaft", musste Erzieherin, kreative Gestalterin, Hauswirtschafterin, Organisatorin, Köchin und vieles mehr sein, ich würde genau genommen fünf und noch mehr neue Berufe inne haben, die unter dem Beruf der „Mutterschaft" gebündelt sind.

Ich sah und sehe auch heute ein riesiges Potential, was dieser Beruf alles bereit hält und einem abverlangt, da ich mich ständig weiterbilden muss, um auf allen Ebenen meinen Beruf ausfüllen zu können, dafür muss ich mir ständig neues Wissen und Fertigkeiten aneignen. Hierzu ist es erforderlich, viele Kurse zu besuchen, natürlich die klassischen Mutter-Kind-Kurse, aber auch die Kurse, die ich alleine besuchen muss, um mir die besten Fertigkeiten aneignen zu können.

Darüber hinaus ändern sich die Bedürfnisse meines Kindes ständig, so dass ich permanent meine Fertigkeiten auf die jeweiligen Bedürfnisse abstimmen und anpassen muss, wonach meinem Kind heute verlangt, ist schon in drei Monaten wieder obsolet.

Ich kann also keinesfalls auf einem Wissensstand stehen bleiben, sondern muss mich ständig weiterbilden, wie in jedem anderen Beruf auch.

Ich kann gar nicht verstehen, dass für viele Frauen „Mutterschaft" kein Beruf ist, sondern nur eine Übergangslösung zur Wiederaufnahme des „eigentlichen" Jobs. Ich finde es auch sehr schade, dass einige Mütter erzählen, sie sind nur „zu Hause gesessen" und dies auch so empfinden, als ob sie Nichts geleistet hätten. Dies stärkt nicht gerade das Selbstbewusstsein der jungen Mütter, gerade von der Gesellschaft werden auch entsprechende Signale ausgesandt. Nur Erwerbsarbeit wird in unserer Gesellschaft wirklich anerkannt, da diese eben „entlohnt" wird. Die Frauen, die „zu Hause bleiben", haben keine Anerkennung und Wertschätzung zu erwarten, obwohl Erziehungsarbeit ein so elementarer Bestandteil für unsere Gesellschaft und nicht zuletzt für unsere Zukunft darstellt und ich bedauere es zutiefst, dass die Werte in unserer Gesellschaft nicht anders verteilt sind und den Frauen nicht endlich den gebührenden Respekt entgegenbringt, die sich tagtäglich und rund-um-die-Uhr um Kindererziehung kümmern und niemals Feierabend oder Wochenenden haben. Dasselbe gilt natürlich auch für Männer, die sich dazu entschlossen haben, ihre Kinder zunächst von zu Hause aus zu betreuen.

Nicht zuletzt müssen aber auch die Frauen und Mütter selbst ihre Arbeit hocherhobenen Hauptes präsentieren und sich nicht selbst klein machen. Dies erlebe ich immer wieder und rückblickend betrachtet habe ich selbst zu kämpfen gehabt, um für mich ein anderes Selbstverständnis meiner Arbeit zu entwickeln und meine Arbeit entsprechend zu würdigen. Ich kann mir heute keine wichtigere Aufgabe mehr vorstellen, als mein Kind aktiv auf die Zukunft vorzubereiten und ihm einen „Rüstpanzer" für das Leben mitzugeben, der beschützt und zugleich Kraft und Selbstbewusstsein spendet. Eine sinnvollere Aufgabe will mir beim besten Willen nicht einfallen und dagegen erscheinen mir heute manche Routinearbeiten und Büroabläufe nichtig.

Unser Baby lag in der Zwischenzeit – und schon seit Wochen – stoisch in Beckenendlage, d.h. das Köpfchen war direkt unter meinen Rippen und der Po unten, also gerade anders herum wie bei ca. 96 % aller Neugeborenen. Nur ca. 4 % aller Kinder haben sich nicht gedreht und kommen entweder als Beckenendlagen- oder als Kaiserschnittgeburt zur Welt. Unser Baby hatte es sich in seiner Sitzposition gemütlich gemacht und jeder weitere Ultraschall bestätigte dies. Die Ärzte beruhigten mich, dass sich unser Baby noch drehen könne, es sei noch genügend Zeit dafür vorhanden, viele Babys würden sich auch erst in den letzten zwei Wochen drehen. Ich hörte mir die Fakten genau an, glaubte aber nicht wirklich, dass sich unser Baby drehen würde, mein innerstes Gefühl sagte mir, dass unser Baby keinen Anlass dazu sah, sich zu drehen, da war ich mir ziemlich sicher. Aber die Geburt war noch in weiter Ferne und ich musste mir darüber zunächst nicht den Kopf zerbrechen.

Ich genoss ein paar wenige Wochen, in denen ich meine Schwangerschaft tatsächlich einigermaßen „genießen" konnte, so gut dies eben möglich war. In der Bibliothek um die Ecke lieh ich mir weitere Ratgeber zur Geburt aus und schmökerte ein wenig in denselben. In der Zwischenzeit befassten wir uns auch mit dem umfangreichen Thema „Babyausstattung", was gut und gerne mehrere Tage und sogar Wochen in Anspruch nehmen konnte, da wir ja von Grund auf alles neu kaufen bzw. heranschaffen mussten, vom Babybeistellbett bis zur Wickelkommode, vom „Maxi Cosi" bis Kinderwagen und nicht zuletzt von Stramplern bis Mützen und Jacken.

Der Krankenhausaufenthalt beginnt

Da sich unser Baby noch immer nicht gedreht hatte, machte ich einen Termin beim Chefarzt eines Krankenhauses in unserer Nähe aus, um über einen Kaiserschnitt zu sprechen. Ich befand mich in der 26. SSW, mein Arzt hatte mir bis dahin bestätigt, dass meine Schwangerschaft einen ganz normalen Verlauf nehme und für besondere Überwachung keinerlei Grund bestehe. Die Länge meines Gebärmutterhalses sei zwar „etwas kurz", aber dies sei wiederum kein Grund zur Beunruhigung.

Im Krankenhaus besprachen mein Mann und ich mit dem Chefarzt die aktuelle Situation und Lage unseres Babys und machten schließlich einen festen Termin aus, an dem unser Baby per Kaiserschnitt zur Welt kommen sollte. Der Termin war der 04. September 2014, also nur drei Tage vor dem errechneten Geburtstermin, dem 07. September 2014. Der Chefarzt war sehr freundlich und verständnisvoll, beim Hinausgehen erwähnte ich, dass ich einen verkürzten Gebärmutterhals habe, aber ansonsten alles in bester Ordnung sei. Der Chefarzt stutzte daraufhin und meinte, das wolle er sich kurz ansehen.

Während der Ultraschalluntersuchung wurde meine Welt aufs Neue erschüttert, denn der Chefarzt meinte, meine Cervix, also der Gebärmutterhals, sei massiv verkürzt und keine 2 cm mehr lang, das sei so nicht in Ordnung. Normalerweise hätte der Wert bei 3,5 cm oder mehr liegen müssen. Ich müsse sofort stationär aufgenommen und beobachtet werden, zudem erfordere mein Zustand absolute Bettruhe. Meine Tasche könne ich zu Hause noch holen, aber danach solle ich mich unverzüglich noch am selben Tag ins Krankenhaus begeben.

Wieder einmal fiel ich aus allen Wolken und konnte nicht glauben, was ich da hörte. Mein Frauenarzt hatte mir doch versichert, dass ich nicht besonderer Beobachtung bedürfe! Ich hatte lange Fußmärsche unternommen und zu Hause mehrmals die Wohnung geputzt und gestaubsaugt, außerdem wohnten wir im 4. Stock ohne Aufzug und so war ich pro Tag mehrmals die vielen Stufen zu Fuß gegangen. Es war wohl ein schlechter Scherz: Wie ich erfuhr, hätte ich schon vor Wochen kürzer treten müssen, so dass sich die Cervix nicht derart verkürzt, da sie sich unter Belastung verständlicherweise verkürzen kann, sofern man diese Veranlagung hat.

Es hängt mit einer Bindegewebsschwäche zusammen, dass sich die Cervix während einer Schwangerschaft massiv verkürzen kann, wie in meinem Fall. Sollte sich die Cervix auf 0 cm verkürzen, würde das wiederum heißen, dass das Baby unmittelbar vor der Geburt stehen und keinen weiten Weg mehr vor sich haben würde, da das Köpfchen – oder in meinem Fall der Po – schon so weit unten liegt, dass eine Geburt relativ schnell vonstattengehen kann, je nachdem, ob schon Wehen vorhanden und wie stark diese sein würden.

Ich ging wie betäubt zurück zum Schreibtisch des Chefarztes und fühlte mich zum wiederholten Male während meiner Schwangerschaft schlecht, sogar gar nicht durch meinen Frauenarzt betreut und behandelt. Er sah wohl seine Hauptaufgabe lediglich als eine „Verwaltung" der Schwangerschaft an, aber ein Eingreifen kam für ihn nicht in Frage. Massive Fahrlässigkeit kam mir auch in den Sinn, wenn ich an meinen Frauenarzt dachte und ich nahm mir fest vor, meinen Arzt so bald wie irgend möglich zu wechseln.

Ich blickte panisch zu meinem Ehemann hinüber, der auch wie vor den Kopf gestoßen dasaß, zumal er am nächsten Tag geschäftlich für eine Woche nach China fliegen musste. Wir entschlossen uns, dass ich mich sofort stationär aufnehmen ließ und mein Mann nach Hause fahren und meine Tasche packen würde. Ich hätte in meiner Nervosität wahrscheinlich sowieso die Hälfte meiner Sachen vergessen.

Zunächst wurde ich im Kreißsaal aufgenommen und es wurden weitere Untersuchungen vorgenommen. Die Ärzte überlegten, ob für mich die Therapie der Tokographie (Tokolyse) in Frage kommen würde, entschieden sich aber im letzten Moment dagegen. Bei der Tokolyse wird mittels Infusionstherapie, d.h. Medikamenten per Infusion, eine vorzeitige Wehentätigkeit unterbunden bzw. verhindert, dass Wehen überhaupt entstehen können. Diese Infusionstherapie läuft über mehrere Tage, wenn nicht gar Wochen, da die Dosierung nur in sehr kleinen Schritten heruntergefahren werden kann. Die Ärzte wollten es zunächst aber per Bettruhe versuchen, einen besseren Cervixwert zu erreichen.

Meine Vorfreude auf unser Baby wurde also abermals getrübt. Gerade hatte ich eine einigermaßen ruhige Schwangerschaftszeit erlebt, da wurde ich schon wieder herausgerissen und landete hart auf dem Boden der Tatsachen.

Es war wie eine Farce, ich würde den Krankenhausbericht wieder an meinen Frauenarzt übersenden und ihm die Diagnose mitteilen, da er auch in diesem Fall keine Diagnose gestellt und natürlich keine Behandlung veranlasst hatte.

Ich begab mich also in die Krankenhausroutine und hoffte inständig, dass ich nicht wochenlang würde im Bett liegen müssen. Draußen spielte sich ein Bilderbuchsommer ab und es wurde richtig heiß. Es war Anfang Juli und die Freibadsaison in vollem Gange. Meine Vorstellungen, jeden Tag eine Runde schwimmen und damit etwas für meine Gesundheit tun zu können, schwanden dahin und lösten sich auf. Sport würde ich bestimmt in nächster Zeit nicht machen dürfen. Meine Eltern besuchten mich fast jeden Tag und waren betroffen, was ich alles in meiner Schwangerschaft durchstehen musste und meinten, es sei schon erstaunlich, dass unser Kind unter solch großen Mühen das Licht der Welt erblicken musste und was man alles dafür tun müsse, dass unser Kind auf die Welt komme.

Ich dachte allmählich in dieselbe Richtung und fragte mich, warum meine Schwangerschaft so schwer war, auch wenn diese Frage natürlich nur ins Leere führte und auch nicht beantwortet werden konnte. Zudem brachte mich diese Frage auch nicht weiter, sondern zog mich noch weiter in den negativen Gefühlssog hinein.

Wie bei meiner „Hyperemesis Gravidarum" schlug mir auch meine sog. „Cervixinsuffizienz" massiv auf die Stimmungslage und ich machte mir vermehrt Sorgen, dass unserem Baby meine negativen Stimmungen schaden würden. Zu den Medikamenten, die ich während meiner Schwangerschaft hatte einnehmen müssen, kamen meine trüben Stimmungen noch hinzu und würden sicherlich einen Einfluss auf unser Baby haben. Ich machte mir ernstlich Sorgen darüber, dass unser Baby dadurch irgendwelche Einbußen haben und kein fröhliches Kind werden würde.

Rückblickend betrachtet steigerte ich mich sicherlich in die Situation hinein, aber zusätzlich zu der Tatsache, dass eine drohende Frühgeburt im Raum stand, die definitiv das Leben unseres Babys bedrohen würde, da ich mich erst in der 26. SSW befand, kam noch die Tatsache der Niedergeschlagenheit hinzu, da ich strikte Bettruhe einhalten musste. Es war wieder ein Teufelskreis, denn ich wusste, dass ich meine Gesundheit positiv beeinflussen konnte, wenn es mir mental gut ging und auch umgekehrt meine Gesundheit darunter leiden würde, wenn es mir anhaltend schlecht ging.

Wieder einmal wurde ich mit einem Thema konfrontiert, mit dem ich mich zuvor niemals befasst hatte, dem Thema der Frühgeburt. Zwar liegt die Überlebensrate eines Säuglings in der 26. SSW bei etwa 80 %, dieser bedarf aber einer intensiven Betreuung in einer Frühchenstation mit Beatmung, da die Lungen in diesem Stadium noch nicht ausgereift sind und ein eigenständiges Atmen nicht möglich ist. Es stellte sich natürlich auch die Frage, ob ich in dieser Klinik, in der ich mich befand, überhaupt würde entbinden können, da ebendiese Klinik nicht über eine Intensivstation für Neugeborene verfügte. Kinderärzte waren zwar permanent im Haus, kamen aber von einem anderen Krankenhaus herüber bzw. wurden bei Notfällen gerufen.

Im Falle einer Entbindung vor der 34. SSW würde ich zudem in der Klinik bleiben und mein Baby auf eine Intensivstation in ein anderes Krankenhaus verlegt werden müssen, so dass wir die ersten Tage nicht zusammen verbringen können würden.

Dies alles belastete mich sehr und ich fühlte mich auch überfordert mit der Entscheidung, wo ich entbinden sollte. Ich konnte nicht in die Zukunft schauen und mir gewiss sein, das Richtige zu tun. Ich konnte lediglich auf den Rat der Ärzte hören und danach meiner Bauchentscheidung folgen, denn niemand konnte mir letztendlich raten, was zu tun war. Mein Mann unterstützte mich in dieser schweren Zeit, wo er konnte, und kam auch täglich nach der Arbeit vorbei, aber auch er stand zum ersten Mal vor einer solchen Entscheidung und wusste natürlich nicht die Lösung. Manchmal wünschte ich mir wirklich einen Mentor herbei, eine Frau, die in einer ähnlichen Situation gewesen war und mir gute Tipps geben konnte. Leider hatte ich bislang noch keine Hebamme, die mich hätte beraten können. In der Hektik, die ich noch im Büro und meiner Schwangerschaft erlebt hatte, hatte ich mir noch nicht einmal eine Hebamme suchen können. Wir wohnten auch noch nicht allzu lange in unserem Wohnort und kannten uns nur wenig aus. Ich nahm mir fest vor, mir eine Hebamme zu suchen, und sei es spätestens für die Wochenbettbetreuung. Wie gerne hätte ich zu diesem Zeitpunkt schon jemanden an meiner Seite gehabt, der mich verstehen und qualifiziert unterstützen hätte können!

Nun war ich allein auf weiter Flur und musste durch diese schweren Tage gehen und mir überlegen, wo eine Entbindung sinnvoll sein würde. Wenigstens würde ich nicht ständig im Büro anrufen und mich entschuldigen bzw. krank schreiben lassen müssen, da ich glücklicherweise mein Beschäftigungsverbot hatte. Auch nach einer Entlassung aus dem Krankenhaus war klar, dass ich mich würde schonen und keinesfalls einen 12-Stunden-Arbeitstag würde meistern können und daher war ich sehr erleichtert, dieses Beschäftigungsverbot zu haben.

Glücklicherweise konnte durch das sofortige Eingreifen und Handeln des Chefarztes die drohende Frühgeburt abgewendet werden und ich konnte nach einer Woche Krankenhausaufenthalt die Klinik verlassen, natürlich mit strengen Auflagen, mich zu schonen und so oft wie irgend möglich zu ruhen.

Wieder einmal war mir ein Dämpfer verpasst worden, als ich mich etwas in Sicherheit wog, dass mit meiner Schwangerschaft alles in Ordnung sei. Ich nahm mir fest vor, nun konsequent auf mich zu achten und mich wirklich zu schonen, auch wenn dies im vertrauten Umfeld zu Hause nicht immer leicht war einzuhalten. Mir fiel es auch schwer, bei den sommerlichen Temperaturen zu Hause zu bleiben, ich gönnte mir jedoch ab und zu kleinere Spaziergänge und setzte mich auf eine Bank, die direkt gegenüber eines kleines Baches lag. Im Schatten eines dicken Baumes lauschte ich dann entspannt dem Plätschern und Rauschen des Baches und schaute seinen Wasserläufen nach.

Mir kam in den Sinn, dass mein Leben schon jetzt eine gewaltige Wendung genommen hatte, obwohl unser Baby noch gar nicht auf der Welt war. Meine Prioritäten hatten sich vollständig verschoben: Unser Baby war ins Zentrum meiner Aufmerksamkeit gerückt, meine Arbeit war absolut unwichtig geworden und mit einem Mal vollständig aus meinem Leben verschwunden, zumal diese davor einen so zentralen Platz eingenommen und beinahe 90 % meiner Zeit in Anspruch genommen hatte.

Wie konnte es sein, dass mit einem Mal ein so kleiner Mensch eine derart zentrale Rolle spielte?

Ich war immer davon ausgegangen, dass dies in etwa der Fall sein würde, wenn unser Baby auf der Welt war, aber nicht davor. Es war schon komisch, obwohl ich unser Kind ja eigentlich noch gar nicht kannte, war ich körperlich und mental schon absolut auf unser Mädchen eingestellt und konnte mich nur noch auf sie konzentrieren. Es war eben nicht mehr möglich, mein Arbeitspensum beizubehalten und gleichzeitig eine Schwangerschaft so nebenbei zu meistern. Irgendwie hatte ich immer gedacht, es würde alles so weiterlaufen wie bisher und ich bis kurz vor Geburt würde arbeiten können. Danach würde eine Pause folgen, aber eine nicht allzu lange, und anschließend würde ich wieder mein volles Arbeitspensum meistern.

Ich hatte gar nicht in Betracht gezogen, dass dies anders laufen könnte. Plötzlich war da aber dieser kleine Mensch, der all meine Aufmerksamkeit erforderte und ich spürte immer deutlicher, dass ich für unser Kind da sein und sorgen wollte, sobald es das Licht dieser Welt erblickte. Ich wollte unser Kind nicht in fremde Hände geben und arbeiten gehen, sondern selbst umsorgen und erziehen, und zwar nach meinem Wertebild und nicht nach dem einer anderen Frau, die ich gar nicht kannte. Ich konnte mir einfach nicht mehr vorstellen, Erlebnisse eines Tages erst aus zweiter Hand zu erfahren und nicht aktiv mitzuerleben.

Ich schwor mir, dass ich für unser Kind alles tun würde, was in meiner Macht stand, um es mit Geborgenheit und Liebe zu empfangen, wenn es nur geboren und gesund das Licht der Welt erblicken würde. Ich verstand, dass Leben unendlich kostbar war und genauso leicht wieder entschwinden konnte.

Es war ein riesiges Geschenk, das uns zuteil wurde und keinesfalls selbstverständlich.

Ich finde es schrecklich, wenn Leute ihre Kinder als etwas Selbstverständliches oder gar Störendes empfinden und nicht genügend Zeit und Kraft aufbringen, um diese großzuziehen. Wie konnte es sein, dass der Wert des Lebens manchmal so gering geschätzt wurde? Ich konnte die Frage beim besten Willen nicht beantworten. Ich wusste nur mit großer Bestimmtheit, dass hier meine Lebensaufgabe lag und dass ich aufgrund meiner Fehlgeburt keinesfalls den Fehler machen würde, dieses Wunder nicht ausreichend zu würdigen und zu schätzen und betete jeden Tag für ein gesundes Kind und bete auch heute noch täglich und bedanke mich für das große Glück, dass mir zuteil wird und das ich empfinden und annehmen darf.

In der 32. SSW wurden meine Kraft und mein Durchhaltevermögen erneut auf die Probe gestellt: Ich verspürte zunehmend krampfartige Schmerzen, verbunden mit einem starken Druck in den unteren Bauch hinein, den ich bereits von meiner „Cervixinsuffizienz" her kannte. Ich wollte kein Risiko eingehen und begab mich zur ambulanten Untersuchung wieder in die Klinik, da ich dem Urteilsvermögen meines Frauenarztes nicht mehr trauen konnte.

Bei der Ultraschalluntersuchung stellte sich heraus, dass sich die Werte meiner Cervix leider wieder verkürzt und sich zudem noch vorzeitige Wehen eingestellt hatten. Da ich fast schon mit ähnlichem Ergebnis gerechnet hatte, fiel mir das Akzeptieren der Diagnose dieses Mal nicht mehr allzu schwer.

Ich dachte nur noch an das Wohl unseres Babys und war bereit, alle Mühen auf mich zu nehmen, auch wenn sie noch so schwer sein mögen.

Wieder musste ich mich in stationäre Behandlung begeben, ein Team aus vier Oberärzten und dem Chefarzt nahmen sich meiner an. Aufgrund der vorzeitigen Wehentätigkeit musste ich nun doch die Tokographie, also den Dauertropf zur Wehenhemmung, über mich ergehen lassen. Dazu kam parallel natürlich die absolute Bettruhe, die eine Verlängerung der Cervix bewirken sollte.

Ich begann mich an den Dauertropf zu gewöhnen, der Tag und Nacht mein Begleiter war. Die Infusion wurde durch einen kleinen grünen Kasten gesteuert, an dem die Stärke und Dauer der Infusion eingestellt werden konnten. Dieser grüne Kasten wurde zu meinem Dauerbegleiter, ähnlich wie eine Handtasche. Ich musste diesen Kasten ohnehin überall mit hinnehmen, auf die Toilette, in die Dusche, wo ich mich auch hinbegab. Das Duschen stellte mich vor besondere Herausforderungen, da der Kasten natürlich nicht nass werden durfte und in einigem Abstand – so weit es der Infusionsschlauch eben erlaubte – auf einem Hocker stand. Da die Infusionsnadel in meinem Handrücken steckte, konnte ich mir entweder nur mit einer Hand die Haare waschen oder mir von meinem Mann helfen lassen. Natürlich durfte ja auch die Infusionsnadel samt Verband nicht nass werden. Aus diesem Grund war Duschen nur leidlich möglich, Körperpflege musste ohnehin auf ein Minimum reduziert werden.

Leider spielte sich draußen der Hochsommer ab, der gnadenlos Temperaturen von bis zu 38 Grad bescherte. Zunächst befand ich mich in einem Zimmer ohne Klimaanlage und war nach ein paar Stunden absolut durchgeschwitzt. Daher wog die umständliche Duschsituation besonders schwer. Darüber hinaus befand sich das Zimmer direkt neben dem Untersuchungszimmer, in dem die Säuglinge gewogen und untersucht wurden. Dies fand zu allen Tages- und Nachtzeiten statt, es war nicht ungewöhnlich, dass die Säuglinge nachts um zwei Uhr gewogen wurden. Zu diesem Zweck wurden die Säuglinge in ihren Rollbetten quer durch den Gang und an meinem Zimmer vorbei geschoben, was auf dem Linoleumboden einen ungeheuren Lärm verursachte. Es geschah nicht selten, dass ich Nachts bis zu fünf Mal geweckt wurde, wenn die Untersuchungen stattfanden.

Ein anderes Mal wurde mitten in der Nacht eben dieses Zimmer gereinigt und aufgeräumt, so dass ein konstantes Scheppern zu hören war. Nach einer Weile bat ich um die Verlegung in ein anderes Zimmer, das weiter hinten auf dem Flur und damit auch weiter vom Untersuchungszimmer entfernt lag. Ich hatte Glück und wurde in ein anders Zimmer verlegt, das viel abgelegener war. Zwar hatte ich direkt Bauarbeiter vor dem Fenster, die einen neuen Anbau realisierten und morgens um halb sieben das Radio aufdrehten, aber wenigstens mehr nächtliche Ruhe und nur noch die Morgensonne, die ins Zimmer schien. Nachmittags und Abends lag das Zimmer im Schatten und war deutlich kühler als mein Domizil davor.

Eine weitere permanente Konstante war das CTG, das zwei Mal täglich aufgezeichnet wurde. Jeden Morgen und Abend musste ich mich in das Untersuchungszimmer in Nähe des Kreißsaals begeben und jeweils eine halbe Stunde ein CTG aufzeichnen lassen, um die Herztöne unseres Kindes zu überprüfen. Ich kannte nach einigen Tagen sämtliche Maserungen und Unebenheiten der Decke und wusste genau, wie viele Deckenplatten wo verlegt waren. Ich kannte diese Decke in- und auswendig. Ich bin mir gar nicht sicher, wie lange ich diese Decke angestarrt haben musste.

Insgesamt musste ich vier Wochen im Krankenhaus bleiben, bei täglich einer Stunde CTG-Aufnahme kommt eine nicht unbeträchtliche Summe in Höhe von 28 Stunden zustande. In dieser Zeit hat man genügend Möglichkeiten, die Decke gut kennen zu lernen.

Mir kam meine Schwangerschaft endlos lange vor. Dies lag vor allem auch daran, dass die Tage im Krankenhaus so unendlich lange waren, da ich morgens bereits ab halb sieben wach war und auch abends nicht vor 22 Uhr einschlafen konnte. Obwohl diese Tage mental sehr anstrengend waren, war ich abends nicht wirklich müde, da ich körperlich nicht ausgelastet war.

Die Gefahr einer Frühgeburt schwebte wieder drohend im Raum und belastete mich abermals sehr. Obwohl mir absolute Bettruhe verordnet worden war, verkürzte sich meine Cervix erneut. Der Chefarzt meinte, dass ich unbedingt die 34. SSW vollenden müsse, so dass unser Baby im selben Krankenhaus wie ich selbst betreut werden könne, ansonsten müsse es umgehend in ein anderes Krankenhaus mit Neugeborenen-Intensivstation verlegt werden. Wenn unser Baby also vor der 34. SSW geboren werden würde, wäre es ein Frühchen und müsse entsprechend betreut werden. Ich war schockiert, da er anscheinend damit rechnete, dass unser Baby deutlich früher, wenn nicht gar in den nächsten zwei Wochen, auf die Welt kommen würde. Ich befand mich ja erst in der 32. SSW und hatte mich auch mental noch auf acht Wochen Schwangerschaft eingestellt.

Bei einer „unauffälligen" Schwangerschaft, d.h. ohne Komplikationen, hatte ja noch nicht einmal der Mutterschutz begonnen, wäre ich auf der Arbeit, müsste ich also noch zwei Wochen regulär arbeiten. Die Lage war also äußerst prekär, denn zu der emotionalen Belastung des permanenten Liegens und der Hoffnung, dass unser Kind gesund auf die Welt kommen würde, gesellte sich nun noch der Druck, dass unser Kind schlimmstenfalls binnen weniger Tage als Frühchen geboren und es ungewiss sein würde, inwieweit es schon voll ausgebildet sei und die Lungen die Arbeit würden aufnehmen können.

Zur Tokolyse wurde daher eine Antibiose-Therapie verabreicht, welche die Lungenreife unseres Kindes beschleunigen sollte. Dies bedeutete wiederum drei Mal täglich eine Antibiotikum-Infusion in hoher Dosierung. Natürlich leuchtete mir diese Form der Therapie in Anbetracht der Umstände ein, aber wieder wurde ich von Sorgen geplagt, ob die vielen Medikamente unserem Baby nicht schaden würden. Ich selbst bemerkte deutliche Nebenwirkungen der Antibiose-Therapie in Form von dauernder Übelkeit, Magen- und Darmbeschwerden. Aufgrund der hohen Dosierung der Antibiotika-Infusionen wurden sämtliche „guten" Bakterien in Magen- und Darm zerstört und brachten auch die Vaginalflora kom-

plett durcheinander, was wiederum in einen Harnwegsinfekt mündete. Daraufhin wurde mir zusätzlich zu den
drei Infusionen am Tag noch ein anderes Präparat verabreicht, das den Harnwegsinfekt bekämpfen sollte. Ich
war am Verzweifeln, wo dies hinführen würde und hoffte
inständig, dass unser Baby dadurch länger in der Gebärmutter bleiben konnte und die Medikamente nicht um-
sonst gegeben wurden.

Der Chefarzt bekräftigte dies indem er meinte, dass
das Wohl unseres Babys – und natürlich auch mein
Wohlbefinden – an erster Stelle stehen würden und er
unbedingt verhindern wolle, dass unser Baby vor der 34.
SSW geboren werden und eventuell massive Einbußen
dadurch erleiden würde. Die Gewichtsschätzungen unseres Babys lagen zu dieser Zeit bei ca. 2.300 g, was einen
noch relativen niedrigen Wert darstellte. Unser Baby
musste also noch ordentlich an Gewicht zulegen, die Ver-
abreichung der Medikamente standen da im Hintergrund, zumal diese anscheinend in der Schwangerschaft
verträglich seien.

Die Angst vor der Frühgeburt

Eines Morgens nach dem Frühstück ging ein gewaltiger Schwall an Wasser ab, so dass mein Schlafanzug und die Matratze ganz durchnässt waren. Ich rief sofort eine Schwester und schilderte die Sachlage. Die Miene der Krankenschwester verhieß nichts Gutes und sie meinte, ich solle keinesfalls aufstehen und warten, sie gebe sofort im Kreißsaal Bescheid. Keine fünf Minuten später kamen zwei Hebammen und schoben mich mitsamt Bett in den Kreißsaal. Dort wurden gleich Untersuchungen gemacht und die Oberärztin kam herbeigeeilt.

Ich war sicher, dass es zu einem Blasensprung, d.h. einer geplatzten Fruchtblase, gekommen war und war außer mir. Wenn dies wirklich der Fall war, dann würde unser Baby nicht mehr lange in der Gebärmutter bleiben können, evtl. würden die Ärzte die Geburt noch um ein paar Tage hinausschieben können, aber die 34. Woche würde ich mit Sicherheit nicht mehr erreichen. Dies würde auch bedeuten, dass ich von meinem Baby getrennt sein würde, da es unmittelbar nach der Geburt in ein anderes Krankenhaus auf die Intensivstation verlegt werden müsste.

So hatte ich mir die Geburt wahrhaftig nicht vorgestellt. Ich hatte mir immer eine harmonische Geburt in harmonischem Umfeld vorgestellt und dass ich zumindest selbstbestimmt die Geburt würde erleben können. Ich würde entscheiden, ob ich einen Kaiserschnitt haben oder spontan entbinden würde und wir würden in aller Ruhe ins Krankenhaus gehen und uns auf die Ankunft des neuen Menschleins vorbereiten.

Dass unser Baby nun als Frühchen und Notfall zur Welt kommen sollte, mit gestressten Ärzten noch dazu, hatte ich mir in meinen kühnsten Träumen nicht vorstellen können. Ich hatte mich ja bereits mit dem geplanten Kaiserschnitt angefreundet, da ich davon ausging, dass sich unser Baby nicht mehr drehen würde. Auf alle Fälle hatte ich aber mit einer Geburt in frühestens sechs Wochen gerechnet! Nun würde ich meinen Mann anrufen müssen und wir würden höchstwahrscheinlich in den OP gerollt werden! Vor allen Dingen aber wollte ich vor der Geburt auch nach Hause gehen und mich noch etwas auf die Ankunft unseres Babys vorbereiten bzw. noch das Kinderzimmer einrichten – oder zumindest auf symbolische Art und Weise – ich wollte keinesfalls die Geburt nahtlos an diesen langen Krankenhausaufenthalt erleben. Ich war sowieso Tag und Nacht in „Habachtstellung", dass die Geburt losgehen könnte, nun schien sich dies zu bewahrheiten.

Wenn ich heute an meine Schwangerschaft denke, kommt mir des öfteren das Wort „Psychoterror" in den Sinn, denn letztendlich war diese nichts Anderes. Erst die traurige Vorgeschichte meiner Fehlgeburt, dann die Schwangerschaftserkrankung und massive Gewichtsabnahme, gefolgt von Krankenhausaufenthalt Nummer 1, gefolgt von Krankenhausaufenthalt Nummer 2 aufgrund der „Cervixinsuffizienz", wiederum gefolgt von Krankenhausaufenthalt Nummer 3 aufgrund abermaliger „Cervixinsuffizienz" und vorzeitigen Wehen, der letztendlich vier Wochen andauerte.

Während meiner gesamten Schwangerschaft konnte ich mir nicht ein einziges Mal sicher sein, dass unser Kind gesund, geschweige denn, überhaupt auf die Welt kommen würde. Ich war die gesamte Zeit alarmiert und rechnete stets mit dem Schlimmsten, da ein Krankenhausaufenthalt den nächsten jagte. Immer dann, wenn sich die Wogen etwas glätteten und ich ein paar Wochen zu Hause war, kam der nächste Schlag. Ich war extrem angespannt und verunsichert, denn so schlimm hatte ich mir meine Schwangerschaft nicht ausgemalt. Nicht zuletzt stand ich aufgrund meiner Erfahrung der Fehlgeburt enorm unter Anspannung, da ich mir nicht sicher sein konnte, ob meine Folgeschwangerschaft „unauffällig" verlaufen würde. Das Eintreten der unterschiedlichsten Komplikationen hatte schließlich meine schlimmsten Erwartungen bestätigt: Ich ging wahrhaftig durch die Hölle!

Aus meinem Bekanntenkreis hörte ich nichts Vergleichbares, niemand konnte nachvollziehen, durch welche Hölle ich ging. Stets hörte ich Schwangerschaftsberichte, in denen von „kurzzeitiger Übelkeit" und „insgesamt maximal drei Mal Erbrechen" die Rede war. Darüber konnte ich nur schmunzeln, viele runzelten ungläubig die Stirn, wenn ich berichtete, wie es mir in den ersten Monaten ergangen war. Ich glaube, manche Bekannte dachten auch, dass ich maßlos übertreibe, denn von permanentem Erbrechen hatten sie noch nie etwas gehört.

Ich hingegen nahm alles mit, was eine Schwangerschaft an Krankheitsbildern so bieten kann, lediglich Sodbrennen und Schwangerschaftsdiabetes ging an mir vorüber. Dass unser Kind sich zudem in Beckenendlage befand und höchstwahrscheinlich per Kaiserschnitt geholt werden musste, schockierte mich nicht mehr. Natürlich war es schon seltsam, einen Termin im Voraus für die Geburt festzulegen und sich zu überlegen, wann der Geburtstag unseres Kindes denn sein sollte. Aber diesen Termin würde ich ohnehin nicht einhalten können, wie mir von allen Seiten immer wieder bestätigt wurde.

Ich war mehr und mehr ausgelaugt, denn die Schwangerschaft forderte meine gesamte körperliche und mentale Kraft. Zu keinem Zeitpunkt konnte ich mir sicher sein, wann es mit der Geburt losgehen würde, da sämtliche Ereignisse ja auf eine Frühgeburt hindeuteten.

Letztendlich war ich erleichtert, dass mir nun eine stunden- oder gar tagelange Spontangeburt erspart bleiben würde, da meine Kraft schon weit vor Geburtstermin aufgebraucht war. Durch das wochenlange Liegen hatte ich zudem sämtliche Muskeln und Kondition abgebaut und war mir gar nicht sicher, ob ich eine anstrengende Geburt überhaupt würde durchstehen können.

Nicht zuletzt barg eine Spontangeburt auch Risiken für unser Baby, selbst wenn es sich in Schädellage befinden würde, da die Gefahr einer Unterversorgung mit Sauerstoff während einer Geburt immer gegeben sein kann. Darüber hinaus kann es auch zu einem Nabelschnurvorfall bzw. einer -verschlingung kommen, was die Gefahr der Sauerstoffunterversorgung noch verstärkt. Bei einer Spontangeburt aus Beckenendlage – wie in meinem Fall – lagen die Risiken noch deutlich höher, dass unser Baby schlimmstenfalls behindert zur Welt kommen könnte. Aufgrund der Tatsache, dass zuerst der Po geboren wird, kann es geschehen, dass das Köpfchen feststeckt und nicht schnell genug passieren kann. Dadurch wird die Nabelschnur, d.h. die Sauerstoffversorgung zum Gehirn, unterbrochen, was zu Behinderungen führen kann. Erst wenn das Köpfchen geboren wird, wird die Unterbrechung auf die Nabelschnur wieder aufgehoben und niemand weiß, wie lange dieser Zeitraum dauern kann. Insofern stand für uns von Vorneherein fest, dass wir uns auf jeden Fall für einen Kaiserschnitt entscheiden werden, sollte es denn bei der Beckenendlage bleiben. Einige Krankenhäuser bieten aber auch Spontangeburten aus Beckenendlage an und können von positiven Geburtsverläufen berichten. Letztlich obliegt es den Eltern, die Entscheidung bezüglich des Geburtsmodus' zu treffen.

Als ich während meines Krankenhausaufenthaltes wieder einmal beim CTG lag, befand sich mir gegenüber eine andere schwangere Patientin, deren Baby sich auch in Beckenendlage befand. Sie philosophierte darüber, wie schlimm es denn wohl sein könnte, wenn sie ihr Baby nicht spontan, sondern per Kaiserschnitt würde gebären müssen. Sie verglich den Kaiserschnitt mit dem Endspiel der Fußball-Weltmeisterschaft, währenddessen ein Spieler, in diesem Fall also die angehende Mutter, auf der Ersatzbank sitzen müsse und nicht mitspielen dürfe. Wie schrecklich müsse das wohl sein, dabei zu sein und zusehen zu müssen, aber nicht mitwirken zu können. Sie wolle auf jeden Fall eine äußere Wendung versuchen, bei der ein Arzt versucht, das Baby noch im letzten Moment in Schädellage zu wenden.

Ich hörte stumm zu und konnte nicht glauben, was ich da hörte. Wie konnte eine Geburt denn überhaupt mit einer „Ersatzbank" verglichen werden? Sie wusste doch gar nicht, was alles bei einer Spontangeburt auf sie zukommen würde! Diese war doch absolut unkalkulierbar und es konnte sein, dass auch eine Spontangeburt in einem Kaiserschnitt endete. Außerdem liegt der Erfolg einer äußeren Wendung bei ca. 50 %, es ist also höchst ungewiss, ob die Wendung überhaupt erfolgreich sein würde.

Mir kam es letztendlich nur darauf an, unser Kind gesund und sicher im Arm halten zu können und diese schreckliche Schwangerschaft für mich und unser Baby unbeschadet zu Ende zu bringen und die Geburt möglichst lange hinauszuzögern. Wie unser Baby zur Welt kommen würde, war mir absolut egal, wenn es denn nur gesund sein würde. Ich konnte überhaupt nicht nachvollziehen, dass diese Frau so fest an einer Vorstellung ihrer „Traumgeburt" festhielt und dabei noch Risiken für ihr Baby in Kauf nahm, nämlich die der Wendung und letztlich der Spontangeburt um jeden Preis. Sollte die Wendung nicht erfolgreich sein, würde sie nämlich in eine Spezialklinik fahren und dort die Spontangeburt aus Beckenendlage anstreben. Mir kam in den Sinn, dass diese Frau sicherlich eine unbeschwerte Schwangerschaft genießen konnte und über die vielen Risiken und Stolpersteine, die während einer Schwangerschaft vorkommen können, gar nicht nachdenken musste. Daher konnte sie so frei und unbeschwert über ihre „Wunschgeburt" sinnieren.

Ich hingegen war durch meine Fehlgeburt extrem vorbelastet und hatte während meiner Folgeschwangerschaft schon so viele Stolpersteine umschifft, dass ich sämtliche Risiken, die ich zumindest umgehen konnte, um jeden Preis meiden wollte.

Keinesfalls wollte ich selbst unser Baby Risiken aussetzen, die ich von vorneherein vermeiden konnte. Natürlich barg und birgt ein Kaiserschnitt Risiken, da es sich um eine Bauchoperation mit allen Risiken einer Operation handelt. Letztendlich sind die Risiken aber für das Baby aber überschau- und behebbar und in meiner Situation aus Beckenendlage heraus für das Baby deutlich geringer als bei einer Spontangeburt.

Ich wünschte der Patientin alles Gute und gutes Gelingen für die äußere Wendung, behielt meine persönliche Meinung jedoch für mich. Sie hätte sich bestimmt nicht mehr von ihrer Entscheidung abbringen lassen. Ich hätte gerne erfahren, wie diese Frau entbunden hat, sah sie aber nicht mehr wieder. Wie die meisten der Frauen, war sie nur kurzzeitig im Krankenhaus, ich jedoch blieb vier Wochen lang und lernte viele interessante Frauen kennen, die spannende Geschichten zu erzählen hatten.

Eine Krankenschwester war mir besonders ans Herz gewachsen und ich denke, sie hatte bemerkt, dass es mir zeitweise mental nicht besonders gut ging. Zudem war der tägliche Krankenhausablauf mit den starren und immer gleichen Abläufen sowie den Untersuchungen ziemlich zermürbend.

Wir kamen immer öfters ins Gespräch und eines Morgens bemerkte sie trocken, dass meine Lektüre „Vollidiot" von Tommy Jaud wohl kaum der richtige Lesestoff für mich wäre. Mir fiel auf, dass sie völlig recht hatte. Ich hatte einfach irgendein Buch aus unserem Regal herausgenommen, um mir die Zeit etwas zu vertreiben, dabei aber gar nicht darauf geachtet, welche Geschichte im Buch erzählt wurde. Ich lebte in meiner Parallelwelt, Tag und Nacht ging es darum, wie es unserem Baby ging und wie lange es wohl noch bis zur Geburt dauern würde, da konnte ich mich gar nicht auf andere Themen konzentrieren. Natürlich war der „Vollidiot" auch nicht meine erste Wahl, was Bücher anbelangt. Die freundliche Krankenschwester empfahl mir daraufhin die wunderbaren Romane von Jojo Moyes und brachte am nächsten Tag gleich ein Exemplar davon mit. Ich war gerührt und ließ ihr in den nächsten Tagen einen schönen Blumenstrauß zukommen, außerdem hatte sie mir schon vor einigen Tagen maßgeblich bei meinem Umzug in ein angenehmeres Zimmer geholfen.

Ich war froh und dankbar, mich auch anderen Themen außer meiner Schwangerschaft zuwenden zu können und genoss jede einzelne Zeile der spannenden Lektüre. Bis zur Entlassung hatte ich sämtliche Romane der Autorin gelesen und war dank der heiteren und mitreißenden Geschichten in deutlich besserer Stimmung als zuvor. Ich war meiner „Retterin" sehr dankbar, dass sie mir eine so wunderbare Autorin empfohlen und mich zugleich aus meinem Stimmungstief gerissen hatte. Ohne die freundlichen und hilfsbereiten Krankenschwestern, Hebammen und Ärzte hätte ich ohnehin diesen langen Krankenhausaufenthalt deutlich schlechter überstanden, sie sprachen mir zu jeder Zeit Mut zu. Die Hebammen meinten, dass sich eine Geburt hauptsächlich durch starke Wehen bemerkbar mache und solange ich diese nur in geringem Maße hätte, sehe es doch – trotz verkürzter Cervix – ganz gut aus.

Ich lag also wie geschildert im Kreißsaal und wartete auf das Ergebnis der Untersuchung. War meine Fruchtblase tatsächlich gesprungen? Stand die Geburt unmittelbar bevor?

Wieder einmal hatte ich bange Minuten des Wartens vor mir. Ich versuchte mich abzulenken, aber es gelang mir nicht, denn meine Gedanken kehrten immer wieder zu meinem Baby und dieser speziellen Situation zurück.

Dann endlich kam die Entwarnung: Meine Fruchtblase war nicht gesprungen, sondern noch intakt, da kein basisches Fruchtwasser gefunden werden konnte. Ich war unendlich erleichtert, dass sich die Situation noch einmal entschärft hatte, nun konnte ich per Tokolyse und Bettruhe doch noch fortfahren und die Geburt verzögern.

Die Ärzte sahen dies allerdings anders und waren ziemlich alarmiert. Anscheinend hatten sie die Befürchtung, dass sie mich nicht mehr ausreichend würden betreuen können und die Risiken einer Frühgeburt einfach zu hoch für ein Krankenhaus ohne Neugeborenen-Intensivstation waren. Daran gab es Nichts zu deuteln, ich lebte ja selbst in permanenter Angst, dass die Geburt losgehen könnte. Dies war ein sehr unschönes Gefühl, da ich mich nie richtig entspannen konnte. Außerdem wusste ich überhaupt nicht, was auf mich zukommen und wie die Geburt verlaufen würde, aber eines stand fest: Es würde eine sehr unentspannte und überhastete Geburt werden mit der Aussicht, dass ich von meinem Kind zunächst getrennt werden würde.

Ich war mir nicht sicher, ob ich überhaupt einen Blick auf mein Kind würde werfen können, wenn es in der momentanen Schwangerschaftswoche – also deutlich vor der 35. Woche – geboren werden würde.

Die Oberärztin suchte noch im Kreißsaal das Gespräch mit mir und erklärte, dass sie mich nicht mehr angemessen behandeln könne und angesichts der offensichtlich drohenden Frühgeburt eine Verlegung in ein Krankenhaus mit Neugeborenen-Intensivstation arrangieren würde. Sie rufe gleich den Krankenwagen und lasse alles Nötige in die Wege leiten. Der Chefarzt war noch im OP und hatte noch nicht vorbeikommen können. Aber sie spreche in seinem Namen und rate mir dringend zur besagten Verlegung. Vermutlich war ich für das Ärzteteam zu einem unkalkulierbarem Risiko geworden und der Schreck angesichts des vermeintlichen Blasensprungs stand ihnen deutlich ins Gesicht geschrieben.

Irgendwie ging mir die Entscheidung um eine Verlegung hier zu schnell. Wir kamen gerade erst aus dem Untersuchungsraum und schon wurde eine Verlegung in die Wege geleitet. Mein Gefühl sagte mir, dass ich Nichts übereilen wollte, zumal die unmittelbare Gefahr einer Frühgeburt für den Augenblick ja nicht mehr bestand und ich zudem noch an den Wehenhemmer angeschlossen war.

Ich erbat mir Bedenkzeit und wollte auch vor einer Verlegung mit meinem betreuenden Arzt, dem Chefarzt, sprechen. Ich war seit Wochen in diesem Krankenhaus und die Ärzte kannten meine Vorgeschichte und aktuelle Befindlichkeit samt Schwangerschaftsparametern bestens. In allererster Linie ging es ja darum, sämtliche Reize und Wirkungen sowie Überanstrengungen auszuschalten und Bettruhe einzuhalten, so dass sich meine Cervix wieder verlängern konnte. Dies schien mir in dem aktuell relativ ruhigen und kleinen Krankenhaus bestens gegeben zu sein, außerdem hatte ich ein abgelegenes Einzelzimmer, in dem ich mich einigermaßen gut erholen konnte. Ich konnte mir nur schwer vorstellen, in einen riesigen Krankenhauskomplex mit Drei- und Vierbettzimmern und mir unbekannten Ärzten zu wechseln, zumal sämtliche Untersuchungen abermals durchgeführt werden müssten, da diese Ärzte auf jeden

Fall die aktuellen Fakten benötigen würden. Alles würde also von Vorne losgehen, vermutlich sogar die Tokolyse, da ich mir nicht sicher sein konnte, dass das Krankenhaus das Gerät so einfach herausgab. Ich hatte die Behandlung der Tokolyse beinahe abgeschlossen und hoffte auf eine baldige Ausschaltung des Geräts. Die Dosis des Wehenblockers konnte täglich nur minimal zurückgesetzt werden und es dauerte eine Ewigkeit, bis man bei „0" angelangt war. Mein Krankenhausaufenthalt würde sich auf jeden Fall noch einmal verlängern, wenn ich in das andere Krankenhaus wechselte, vermutlich musste ich sogar bis zur Geburt dort bleiben. Aber es waren immer noch knappe sechs Wochen bis zum errechneten Entbindungstermin, eine Ewigkeit für einen Aufenthalt in einem Krankenhausbetrieb.

Die Ärzte rechneten täglich mit der Geburt, einmal meinte ich scherzhaft zum Chefarzt, dass ich es ja durchaus auch bis zum Termin des angesetzten Kaiserschnittes, dem 4. September, schaffen könnte. Der Chefarzt lächelte milde und sagte sehr überzeugend „dass ich dies unmöglich schaffen könne", ihm gehe es darum, die Geburt über die 35. SSW hinauszuzögern, dann sei er schon zufrieden.

Endlich erschien der Chefarzt im Kreißsaal. Er war sehr besonnen und meinte, dass dies letztendlich meine Entscheidung sei, ob ich einer Verlegung in ein anderes Krankenhaus zustimmen würde oder nicht. Er schilderte noch einmal die Risiken, wenn ich hier blieb, enthielt sich aber einer persönlichen Meinung oder Empfehlung. Ich hörte heraus, dass eine Verlegung jederzeit möglich war, wenn die Frühgeburt tatsächlich drohte, also in akutem Fall sofort gehandelt werden konnte. Gleichzeitig erinnerte er noch einmal daran, dass ich dann von meinem Baby getrennt sein würde und ich solle mir gut überlegen, ob ich dies wollen würde.

Bekümmert ließ ich mich wieder auf Station in mein Zimmer fahren. Ich konnte ja nur in meinem Krankenhausbett herumgeschoben werden, nicht einmal der Rollstuhl kam noch infrage. Zum täglichen CTG wurde ich ebenso im Bett geschoben, wobei ich mir sehr seltsam vorkam. Ich war doch keine Invalide, sondern schwanger.

Leider – so musste ich mir eingestehen – machte dies in meinem Fall keinen Unterschied, da ich ja vom normalen Leben total abgeschnitten war und keinerlei Freiheiten mehr genießen konnte. Eine Tasse Kaffee schnell im Restaurant um die Ecke? Ein Einkaufsbummel? Nichts war mehr möglich. Meine Schwangerschaft war zur Dauerstationierung im Krankenhaus entartet.

Ich musste nun die Risiken gegen die Vorteile abwägen:

Was wog schwerer? Die anstehende Frühgeburt, die mit erheblichen Risiken verbunden war, wenn ich im selben Krankenhaus blieb? Die physischen und psychischen Belastungen, die eine Verlegung mit sich bringen würde? Stand das ausschließliche Wohl meines Babys im Mittelpunkt? Durfte ich überhaupt daran denken, was für mich das Beste war? Was war, wenn ich mich falsch entscheiden würde? Wenn mein Baby geboren und sofort von mir getrennt untergebracht werden würde? Konnte ich mir dies jemals verzeihen? Wo doch die ersten Tage mit Baby anscheinend die intensivsten waren und man sich sein ganzes Leben daran zurückerinnerte?

Ich stand vor einer schrecklichen Wahl:
Natürlich konnte ich mich einfach verlegen lassen und jegliches Risiko ausschließen. Das wäre der sicherste Weg und ich musste mich nicht ständig fragen, ob ich das Richtige tat.

Andererseits, was würde ein mehrwöchiger Krankenhausaufenthalt in einem unpersönlichen Komplex aus mir machen?

Was wäre, wenn unser Baby doch Anfang September zur Welt käme und ich noch sechs Wochen Krankenhausaufenthalt vor mir hätte? Würde ich überhaupt einen abermaligen langen Aufenthalt mental durchstehen? Das ständige Auf und Ab inmitten fremder Ärzte und Krankenschwestern, die belastenden Geschichten meiner Zimmergenossinnen, die belastenden Geschichten rings um mich herum, die oftmals – ähnlich meiner Vorgeschichte – Dramen glichen? Was blieb von mir übrig, wenn unser Kind doch zum errechneten Termin kommen würde?

Ich wusste, dass ich bei der Geburt kein emotionales Wrack sein wollte und die erste Zeit mit unserem Baby einigermaßen genießen wollen würde, zumal ich während dieser Schwangerschaft schon so viel hatte durchmachen müssen. Dass mich der wochenlange Krankenhausaufenthalt bei täglichem Hoffen und Bangen stark mitnahm, stand außer Frage. Ich kannte keinen täglichen Alltag mehr, in dem man Umstandshosen trug und walken gehen konnte. Aber ich wusste, dass ich wenigstens so etwas wie eine kleine Alltagsroutine würde aufleben lassen wollen, sobald es die Umstände zuließen, dass ich nach Hause gehen konnte. Ich wollte vor der Geburt wenigstens ein paar Tage Ruhe und Normalität erleben, bevor das große Ereignis bevorstand.

Zudem hatte ich auch das große Bedürfnis, mich emotional auf die Geburt vorzubereiten und dieser die nötige Bedeutung zukommen zu lassen. Wenn die Geburt nahtlos dem Krankenhausaufenthalt folgen würde, hätte ich keinerlei mentale Pause gehabt und wäre wohl kaum bereit, mich inmitten der Tokolyse- und anderen -Behandlungen auf die Geburt einzustellen.

Ich benötigte eine örtliche Trennung zwischen den Behandlungen während meiner Schwangerschaft und der Geburt, da diese das Ende meiner schwierigen Schwangerschaft darstellte und zugleich der Neubeginn von etwas ganz Großem war:

Dem Leben unserer Tochter!

Ich wollte und musste wenigstens zu einem gewissen Teil mental in der Lage sein, mich diesem großartigen Ereignis zu stellen. Die Geburt unserer Tochter bedeutete auch, dass ich es geschafft hatte, dass ich allen widrigen Umständen trotzen konnte und unser Kind entgegen sämtlichen Vorhersagen um die 39. oder 40. SSW herum auf die Welt kommen würde. Dieses freudige Ereignis wollte ich gebührend feiern und mental freudig begrüßen. Dazu musste ich unbedingt aus dem Klinikalltag ausbrechen und eine räumliche Distanz aufbauen.

Ich rief meinen Mann an und schilderte die Sachlage, danach rief ich meine Mutter an, um mir Rat zu holen. Beide rieten mir zu der Verlegung, ich solle doch den Anweisungen der Ärzte folgen. Aber so eindeutig waren die „Weisungen" des Chefarztes gar nicht, er hatte sich ja einer persönlichen Empfehlung enthalten. Meine Mutter war zudem ratlos, sie hätte zwei „ganz normale" Schwangerschaften erlebt, warum dies bei mir so komplett anders war, konnte sie sich nicht erklären.

Wieder einmal kam ich mir isoliert und einsam vor, da ich keinen vergleichbaren Schwangerschaftsverlauf aus meinem Umfeld her kannte und mir nirgendwo Rat holen konnte. Die freundliche Krankenschwester kam zu mir ins Zimmer und hörte sich an, was geschehen war. Sie respektierte, dass ich Bedenkzeit brauchte und wollte mir auch ihre Meinung nicht aufzwingen. Sie ließ mich reden und wünschte mir anschließend eine „gute Entscheidung." Wieder einmal war ich sehr dankbar, eine so sensible und einfühlsame Dame an meiner Seite zu haben. Ganz gleich wie ich mich entscheiden würde, sie würde mich in meiner Entscheidung bekräftigen und nicht versuchen, mich umzustimmen oder mit der Ärztemeinung um jeden Preis konform zu gehen.

Mit einem Mal hatte ich eine Eingebung, es ist sehr schwer zu beschreiben, es glich einem Gefühl, einer inneren Gewissheit, ich wusste plötzlich, dass unser Baby nicht früher auf die Welt kommen würde, zumindest für sein Leben nicht bedrohlich früher. Es war ganz merkwürdig, so ein Gefühl hatte ich bislang noch nie in meinem Leben empfunden. Ich stand mental außerhalb von mir und meiner Krankengeschichte und stellte mir vor, was in der Zukunft, im September, geschehen würde. Ich sah auf ein Mal ganz deutlich unser Baby vor uns, wie es im OP zur Welt kommt. Die Geburt war nicht hektisch, alle waren darauf vorbereitet, die Geburt konnte also nicht deutlich früher als vor dem angesetzten Termin stattgefunden haben. Unser Baby war gesund und munter. Ich lächelte und wurde daraufhin innerlich sehr ruhig und konnte zum ersten Mal seit Wochen durchatmen.

Selig schmunzelnd lehnte ich mich in die Kissen zurück und wusste, dass ich die richtige Entscheidung treffen würde. Diese Gewissheit war so allumfassend, dass es mir rückblickend selbst schwer fällt, diese nachzuvollziehen oder beschreiben zu können. Aber an diesem Mittag im Krankenhausbett war ich mir sicher, dass unser Baby nicht vor September auf die Welt kommen würde. Ich würde nur noch meinem Instinkt folgen und mich forthin nicht mehr verunsichern lassen. Wenn es die Umstände zuließen, würde ich so bald wie irgend möglich um eine Entlassung bitten, um mich zu Hause erholen zu können. Ich betete und dankte Gott für diese Eingebung, die mir mein Leben um so Vieles würde leichter machen und dieses bereits leichter machte, da ich zum Zeitpunkt meiner Eingebung schon viel ruhiger und ausgeglichener wurde und nicht mehr Fakten abwägen musste.

Niemand konnte mir versichern, dass ich das Richtige tat, als ich mitteilte, dass ich eine Verlegung ablehnte und weiterhin im selben Krankenhaus behandelt werden wollte, aber ich war mir selbst sicher, das Richtige für mich und unser Baby zu tun, um schlussendlich zu einem guten und schönen Ausgang der Schwangerschaft zu kommen.

Die Ärzte waren einigermaßen überrascht von meiner Entscheidung. Wahrscheinlich hatten sie damit gerechnet, dass ich in blinder Panik sofort einer Verlegung zustimmen würde. Sie hatten mich bislang ja hauptsächlich als ängstliche und vorsichtige Patientin kennen gelernt.

Der Chefarzt war ebenso überrascht, meinte aber, jetzt, da ich dem Krankenhaus ja „erhalten bliebe", könne mit der Behandlung weiter fortgefahren werden. Er bestätigte, dass die Tokolyse bei weiterem guten Verlauf ohne Rückschläge zeitnah abgestellt werden kann. Diese Aussage gab mir Aufschwung und bekräftigte mich in meiner Entscheidung um so mehr. Die „Abnabelung" von der Tokolyse würde zumindest ein Stück Wiedererlangung von Freiheit bedeuten. Zumindest würde ich ohne Einschränkungen duschen können und musste auch nicht ständig die Zeiten des Regulierens bzw. des Zurückdrehens der Dosierung beachten und mich danach richten müssen.

Es gab Abende, an denen wurde ich erst um 23 Uhr zum zweiten CTG des Tages abgeholt. Sobald ich wieder auf Station war, wartete dann in der Regel schon die Nachtschwester mit der Antibiotikum-Infusion, um die Lungenreife weiter voranzutreiben. Ferner wurde auch die Dosierung der Tokolyse weiter eingestellt bzw. zurückgefahren. Es gab also Abende, an denen konnte ich weder Zähne putzen noch mit meinem Mann telefonieren. Sollte die Tokolyse eingestellt werden, hatte ich zumindest wieder etwas mehr Freiraum und die Entlassung war nicht mehr in ganz weite Ferne gerückt.

Ich betete oft zu Gott in dieser schweren Zeit, die Gebete gaben mir viel Kraft und Halt. Hätte ich meinen Glauben nicht gehabt, hätte ich diese langen Wochen sicherlich nicht durchstehen können. Zwar hatte ich sehr viel Unterstützung durch meinen Ehemann, der während des gesamten Krankenhausaufenthaltes jeden Tag zu Besuch kam, was ich ihm sehr hoch anrechnete, aber so richtig nachvollziehen, durch welche Hölle ich da ging, konnte er als Mann natürlich auch nicht. Er erlebte die Schwangerschaft nicht am eigenen Leib und konnte sich dadurch weniger gut einfühlen. Er ging auch mit dem Verlust unseres ersten Kindes anders um, es war nicht sein Körper, der durch die Schwangerschaft verändert worden war, er erlebte die Schwangerschaft – die zunächst einer normalen Schwangerschaft glich – und Fehlgeburt nicht am eigenen Körper, er musste die Ausschabung nicht über sich ergehen lassen, er erlebte die furchtbaren Ängste vor und während des Eingriffs nicht selbst.

Wie hätte ich da verlangen können, dass er sich vollständig einfühlen kann? Wie konnte ich von meinem Umfeld verlangen, dass sie wussten, wie sie mir Kraft geben konnten? Ich fand vor allem Halt im Glauben an Gott, ihm konnte ich alles ungefiltert berichten, er würde mich nicht für manche unorthodoxe Gedanken verurteilen. Die täglichen Gebete gaben mir Kraft durchzuhalten und an ein gutes Ende meiner Schwangerschaft zu glauben. Durch die Eingebung, die ich hatte, kam noch das Gefühl der Sicherheit und Geborgenheit hinzu, durch diese schwere Zeit getragen zu werden und das Richtige zu tun.

Kurz darauf kam der nächste Tiefschlag, gerade als ich mich wieder einigermaßen gefangen hatte. Trotz strikter Bettruhe war meine Cervix weiter zurückgegangen und hatte sich auf 6 mm reduziert. Der normale Wert liegt bei ca. 3 – 4 cm. Mein Arzt meinte, dies sei kein Wert, um nach Hause gehen zu können. Ich war sehr enttäuscht, da ich mich deutlich besser fühlte und mehr und mehr Kraft und Zuversicht hatte entwickeln können.

Die Tokolyse war kurz vor der Diagnose abgestellt worden und hatte mir ein unglaubliches Hochgefühl verschafft. Dadurch schien eine Entlassung zunächst in unmittelbare Nähe gerückt zu sein.

Wieder musste ich irgendwie mit diesem Tiefschlag fertig werden. Der Chefarzt deutete an, dass ich auf jeden Fall noch im Krankenhaus bleiben und in Erwägung ziehen sollte, den Kaiserschnitt noch während des Aufenthaltes vornehmen zu lassen, da eine Entlassung immer unwahrscheinlicher werde. So könne er mich jedenfalls keinesfalls nach Hause schicken.

Ich war geschockt und konnte es nicht glauben, dass der Wert dermaßen schlecht war, wo ich mich doch so gut fühlte. Nun würde es wirklich nicht mehr lange dauern, bis unser Baby zur Welt kommen würde!

Immerhin näherte ich mich der 35. SSW, eine Marke, die entscheidet, ob ich unser Kind im selben Krankenhaus zur Welt bringen konnte oder nicht.

Obwohl ich mir einerseits so sicher war, dass sich unser Baby noch Zeit lassen würde, hatte ich nicht den Mut, einfach nach Hause zu gehen. Es war viel zu riskant, sich entgegen der ausdrücklichen Anweisung des Chefarztes selbst zu entlassen. Darüber hinaus barg die Tatsache der Beckenendlage ein weiteres Risiko: Sollte die Fruchtblase wirklich platzen, kam nur ein Liegendtransport ins Krankenhaus in Frage, ich durfte keinesfalls mehr sitzen oder stehen, nicht einmal, um die Treppen im Haus nach unten zu gehen, man würde mich auch bis zum Krankenwagen tragen müssen. Andernfalls bestand die Gefahr einer Nabelschnurverschlingung, d.h. die Nabelschnur kann sich um den Hals des Babys legen und die Sauerstoffzufuhr abschnüren oder – ebenfalls eine große Gefahr – diese kann teilweise nach unten rutschen und auf diese Weise auch die Sauerstoffzufuhr erschweren oder ganz unterbrechen. In diesen Fällen wäre unser Baby höchstwahrscheinlich teilweise geistig behindert, da ein schnelles Eingreifen nur in einer Klinik gewährleistet werden kann und keinesfalls zu Hause gegeben ist.

Ich erhielt sämtliche Telefonnummern der Liegendtransporte, für den Fall, dass wir sie einmal benötigen würden.

Wieder einmal fühlte ich mich von den Ereignissen erschlagen. Eine Entlassung war in weite Ferne gerückt, aber sollte ich wirklich noch vor der Geburt entlassen werden können, so bestand auf jeden Fall das Risiko, dass meine Fruchtblase zu Hause platzen könnte und damit das Risiko einer Sauerstoffunterbrechung.

Ich konnte mein Pech nicht fassen, die Beckenendlage unseres Babys, die unschön als „Lage- und Einstellungsanomalie" beschrieben wird, hatte mir bislang kein Kopfzerbrechen bereitet, sondern war eher ein weiterer Stolperstein meiner Schwangerschaft gewesen, den es zu umschiffen galt. Nun stellte sich heraus, dass diese „Lage- und Einstellungsanomalie" aber doch ein größeres Problem darstellte als nur die Aussicht auf eine Geburt per Kaiserschnitt. Wie sollte ich so guten Gewissens nach Hause gehen und die noch verbleibende Zeit bis zur Geburt genießen können? Ich wollte unser Baby ja keinesfalls Gefahren aussetzen, die im Vorfeld hätten umgangen werden können.

Wieder einmal befand ich mich in einer Zwickmühle, denn es war wirklich schwer einzuschätzen, was genau passieren konnte, bis der Krankenwagen eingetroffen war und dieser das Krankenhaus erreicht hatte. Manche Ärzte schürten zudem meine Ängste, indem sie immer wieder betonten, dass bei einer Beckenendlage besondere Vorsicht geboten sei und ich zudem aufgrund des schlechten Befundes gar nicht nach Hause gehen könne.

Ich versuchte, einen Tag nach dem anderen durchzustehen und nicht mehr so sehr auf die Gesamtheit der Tage bis zur Geburt zu achten. Immerhin war ich im Krankenhaus gut aufgehoben und musste mir keine Vorwürfe machen, falsch reagiert zu haben.

Dennoch glaubte ich fest an meine Eingebung und blendete die Negativmeinungen rund-um-mich-herum weitestgehend aus. Der Chefarzt verabschiedete sich von mir, da er für drei Wochen in Urlaub fahren würde und nach eigener Aussage „Wir uns bestimmt nicht mehr vor der Entbindung sehen." Eine Kollegin oder ein Kollege würde dann den Kaiserschnitt vornehmen. Der angesetzte Termin war seiner Meinung nach nicht zu erreichen. Wieder einmal sagte er zu mir: „Das schaffen Sie nicht".

Mein Ehrgeiz war geweckt, natürlich konnte ich die Geburt nicht aufhalten, aber vielleicht würde es mir auf mentalem Wege gelingen, die Geburt so lange wie möglich hinauszuzögern, ich würde zudem weiter an die Kraft und Wahrhaftigkeit meiner Eingebung glauben.

Ich entgegnete, dass wir uns am 4. September zur Geburt unserer Tochter wiedersehen und er sich noch nicht verabschieden müsse. Er lächelte und entgegnete Nichts, als er mein Zimmer verließ.

Ich telefonierte mit meiner Hebamme, die ich mittlerweile zur Wochenbettbetreuung hatte gewinnen können. Sie riet mir dringend, den Kaiserschnitt keinesfalls vorzuziehen, sofern keine ernsthafte Indikation vorliege. Die Operation einfach vornehmen zu lassen, weil ich ohnehin im Krankenhaus lag, konnte sie nicht befürworten. Stattdessen solle ich lieber versuchen, doch noch eine Entlassung vor der Geburt zu bewirken.

Ich kommunizierte daraufhin deutlicher, dass ich eine Entlassung wünschte, sofern sich der Befund wieder normalisierte. Mittlerweile befand ich mich in der 36. SSW und hatte mich mit dem permanenten Krankenhausaufenthalt schon beinahe abgefunden.

Immerhin konnte ich Kraft aus der Tatsache schöpfen, dass ich mich in den vergangenen Wochen immer richtig entschieden hatte und hoffte einfach, dass sich dies auch in der Zukunft herausstellen würde.

Ein Funken Hoffnung

Bei der nächsten Untersuchung erlebte ich ein kleines Wunder: Meine Cervixlänge war tatsächlich von 6 mm auf 2 cm gewachsen! Ich konnte es fast nicht glauben, so dass mir die Oberärztin mehrmals den Wert im Ultraschallbild nachweisen musste. Was genau zu der massiven Verlängerung geführt hatte, war unklar, fest stand jedoch, dass ich mich dem „normalen" Wert so langsam näherte. Ich hatte in den vergangenen Tagen stets daran geglaubt, dass ich doch noch aus dem Krankenhaus entlassen werden würde, außerdem hatte ich mich in der Zwischenzeit wirklich mit der Situation arrangiert, wenn nur nicht unser Baby zu früh auf die Welt kommen würde. Natürlich spielte meine Eingebung auch eine zentrale Rolle, so dass mich der letzte Rückschlag, bei dem ich den schlechten Befund präsentiert bekam, nicht mehr ganz so zurückwarf wie dies sicherlich die Rückschläge in den Wochen zuvor noch vermocht haben.

Ich ging ganz beschwingt zurück auf die Station und konnte mich sogar an der täglichen und immer gleichen Routine erfreuen. Die täglich anstehenden CTG`s absolvierte ich mit einem Lächeln im Gesicht.

Am Tag darauf kam die Oberärztin ins Zimmer und fragte, ob ich nach wie vor eine Entlassung wünschte. Ich bestätigte, dass ich unbedingt so bald als möglich nach Hause wolle, um mich noch etwas vor der Geburt erholen zu können.

Dann konnte ich kaum glauben, was ich daraufhin hörte: „Wenn der Befund morgen ebenso gut ausfällt wie heute, können Sie morgen nach Hause gehen!"

Ich war ganz gerührt und dankte der Oberärztin, dass sie sich so für mich einsetzte. Als die Visite vorbei war, ging ich zum Schrank, um meine Sachen in den Koffer zu packen. Es war ein seltsames Gefühl: Nach vier Wochen, in denen meine Mutter mir immer wieder die selben Sachen gewaschen wiedergebracht hatte, packte ich ebendiese Sachen in meinen Koffer hinein. Ich würde in diesem Zimmer doch nicht unser Baby im Arm halten, ich konnte die Strampler wieder in den Koffer einpacken.

Ich konnte es beinahe selbst nicht glauben: Meine Eingebung schien sich zu bewahrheiten!

Der nächste Tag brachte ein ähnlich gutes Ultraschall-ergebnis wie am Vortag: Knapp 2 cm Cervixlänge wurden gemessen.

Damit stand fest: Nach vier Wochen Krankenhausauf-enthalt konnte ich endlich entlassen werden! Ich hatte Tränen in den Augen und war unendlich gerührt, dass ich es doch noch geschafft hatte, vor der Geburt nach Hause gehen zu können. Die Oberärztin freute sich mit mir und meinte, sie könne sich in der letzten Zeit an keinen Fall erinnern, bei dem eine Frau so lange und bei solch schlechten Werten liegen musste und dann doch noch vor der Geburt nach Hause entlassen werden konnte.

Ich dankte ihr für ihr Engagement und konnte mein Glück selbst kaum fassen. In mir breitete sich eine große Ruhe aus, zum ersten Mal seit Wochen konnte ich gelöst und glücklich in die Zukunft schauen.

Der Abschied von der Station dauerte ziemlich lange, weil ich mich unbedingt vom gesamten Personal verab-schieden wollte und ich zu einigen Krankenschwestern ein ziemlich enges Verhältnis aufgebaut hatte.

Meine Lieblings-Krankenschwester befand sich leider zu dieser Zeit schon in Kur, daher konnte ich mich nicht persönlich von ihr verabschieden. Die Hebammen und Krankenschwestern freuten sich sehr, dass sich mein Befund so deutlich verbessert hatte und wünschten mir eine erholsame, glückliche Zeit zu Hause. Wir würden uns ja dann zur Geburt wiedersehen. Ich war gerührt über so viel Anteilnahme und zog meinen Koffer den Gang entlang, während die Schwestern mir dabei zusahen. Mein Mann erwartete mich schon am Ausgang und war ebenso erleichtert, dass der immens lange Krankenhausaufenthalt endlich ein Ende und er seine Ehefrau wiederhatte. Ich befand mich in der Schwangerschaftswoche 36 + 3.

Die nachfolgenden Tage zu Hause waren wie Balsam für meine Seele:

Schon als wir in unsere Wohnung zurückkehrten, überkam mich ein unbändiges Gefühl der Freude und Erleichterung! Endlich konnte ich meinen Alltag wieder selbst bestimmen und essen, wann ich wollte. Endlich kamen morgens um 7 Uhr keine Schwestern mehr zu mir ins Zimmer, um Fieber und Blutdruck zu messen. Endlich musste ich nicht zwei Mal täglich zum CTG und eine Stunde die Decke anstarren. Endlich musste ich nicht alle zwei Tage zum Ultraschall, um die Cervixlänge zu messen. Endlich hatte ich meine Privatsphäre wieder und konnte tun und lassen, was ich wollte.

Ich war überrascht, wie heiß es draußen war und dass der Sommer schon größtenteils vorbei war. Ich hatte nicht ein einziges Mal ins Freibad gehen können, was für mich als begeisterte Schwimmerin eine Qual war. Zudem schwitzte ich in meinen „Thrombosestrümpfen", die ich noch weiterhin tragen sollte. Nach zwei Tagen bei rund 40 Grad gab ich auf und zog meine Strümpfe aus: Ich erschrak etwas, als ich meine dünnen und bleichen Beine zu sehen bekam, die durch das wochenlange Tragen der Strümpfe ganz eingefallen wirkten. Ich sah überhaupt ziemlich mitgenommen aus, da mir jegliche Sonne gefehlt und ich daher einen Teint wie Schneewittchen hatte. Natürlich hatten auch die durchwachten Nächte im Krankenhaus bewirkt, dass ich ein ziemlich großes Schlafdefizit mit mir herumtrug.

Erstmals seit Wochen konnte ich wieder in ruhiger Umgebung schlafen, ohne dass eine Nachtschwester ins Zimmer schaute oder ein Babybett den Gang entlang gerollt wurde. Ich schlief bald bis neun Uhr morgens durch und fühlte mich so gut wie lange nicht mehr. Es wurde zur besten Zeit meiner Schwangerschaft. Endlich ging es mir gut, ich konnte essen, was ich wollte und war wieder einigermaßen mobil.

Ich genoss die Sommertage, indem ich kurze Spaziergänge an meinem Lieblingsbach entlang unternahm und danach in die Eisdiele ging. Ein anderes Unterfangen war, endlich in die Bücherei um die Ecke gehen und mir interessante Bücher ausleihen zu können, die ich dann unter einem schattigen Bäumchen las. Ich lieh mir hauptsächlich Bücher aus, in denen das Leben von Hebammen vor einigen hundert Jahren geschildert wurde und fand es ausgesprochen spannend, die Geburtshilfe aus einem anderen Blickwinkel heraus und zu einer anderen Zeit kennen lernen zu können.

Nun befand ich mich selbst in Distanz zu den Geschehnissen, die ich im Krankenhaus erlebt hatte, und konnte etwas Abstand gewinnen und mich so dem Thema der Geburtshilfe wieder nähern. Ich war selbst etwas überrascht, dass ich nur diese Bücher las und mich auch jetzt kaum für andere Themen interessierte.

Ich war glücklich, noch etwas vom Spätsommer miterleben zu dürfen. In der Zwischenzeit ging ich weiter zu den Vorsorgeuntersuchungen, ließ diese aber im Krankenhaus vornehmen, da es mir ohnehin so kurz vor Geburt sinnvoller erschien als den inkompetenten Frauenarzt aufzusuchen. Außerdem hatte ich nicht wirklich Lust, ihm abermals die Krankenhausberichte zu präsentieren und zu erklären, was in der Vergangenheit alles geschehen war. Ich sah dies auch nicht als meine Aufgabe an, meinen Arzt permanent auf dem Laufenden zu halten und ihm die einzelnen Diagnosen zu erklären, die er – zumindest teilweise – selbst hätte stellen und nicht wie so oft aus zweiter Hand erfahren sollen. Ich hätte bei dieser Gelegenheit sicherlich auch nachgefragt, warum er denn in den einzelnen Situationen nicht reagiert hatte und ich mich bereits drei Mal selbst ins Krankenhaus einliefern lassen bzw. dort sofort stationär aufgenommen werden musste.

Aber selbst dieser Groll meinem Arzt gegenüber rückte mehr und mehr in den Hintergrund und ich genoss meine unbeschwerten Tage zu Ende meiner Schwangerschaft.

Eigentlich ist es schade, dass die Schwangerschaft nun bald vorbei ist, dachte ich mir. Es war das erste Mal, dass ich mich während meiner Schwangerschaft konstant richtig gut fühlte und dieser Zustand länger als drei oder vier Tage andauerte. Zum ersten Mal konnte ich diese richtig genießen und nun sollte ich mich schon bald wieder verabschieden. Langsam ahnte ich, wie schön es sein musste, eine unbeschwerte Schwangerschaft genießen und einfach auf eine gute Geburt hoffen zu können.

Ich hingegen hatte permanent Entscheidungen treffen und Risiken abwägen müssen, eine unbeschwerte Stimmung hatte zu keiner Zeit aufkommen können. Über uns schwebte ständig das Damoklesschwert der drohenden Frühgeburt, bei dem ich nie wusste, wann es zuschlagen würde. Von den ersten Monaten der schrecklichen Übelkeit einmal ganz zu schweigen. Eine unbeschwerte, abwartende und heitere Grundstimmung konnte daher gar nicht entstehen, was ich rückblickend auch heute noch extrem schade finde.

Ich konnte nicht einfach in den Tag hineinleben und irgendwann auf eine spontane Geburt hoffen. Die Schwangerschaft und auch die Geburt waren durchgetaktet und akribisch geplant. Ich konnte es mir gar nicht leisten, mir keine Sorgen über die nächsten Tagen und Wochen zu machen.

Zum ersten Mal befand ich mich nun in glücklicher Stimmung aufgrund meines körperlichen Wohlbefindens und konnte hoffen, dass dieser Zustand noch lange anhalten würde, bestenfalls noch drei Wochen bis zum 4. September.

Die Geburt unserer Tochter

Unser Wecker klingelte: Es war vier Uhr morgens. Ich öffnete die Augen und versuchte mich, in der Dunkelheit zurecht zu finden. Langsam stand ich auf, ich versuchte es zumindest, da es mir mit dem mittlerweile nun doch recht großen Bauch nicht leicht fiel. Ich rollte mich zunächst auf die Seite und stützte mich dann langsam auf den linken Arm auf. Ich wartete ab, bis mein Kreislauf langsam in Schwung kam, erst dann konnte ich aufstehen. Zuvor hatte ich mich im Bett liegend bei Gott bedankt, dass er mich sicher und gesund durch diese Schwangerschaft gebracht hatte. Mein Mann war auch sofort wach und stand recht leichtfüßig auf.

Ich ging ins Bad und konnte nicht anders, als mein Spiegelbild anzugrinsen: Es war der 4. September und in weniger als vier Stunden würde unser Baby geboren sein.

Der Kaiserschnitt war auf 8 Uhr angesetzt worden, es war der erste Termin im Kalender des Chefarztes. Als wir den Termin vor fast vier Monaten festgelegt hatten, war noch relativ viel Platz im Terminkalender frei gewesen.

Ich musste ein wenig in mich hinein lachen, denn nun würde unser ausgemachter Termin doch noch zum Tragen kommen! Ich hievte meinen Bauch in die Umstandshose, die ich wohl zum letzten Mal tragen würde. Entgegen aller Aussagen der Ärzte befand sich unser Baby noch immer in meinem Bauch, ich hatte in den letzten drei Wochen weder unter Wehen noch einer verkürzten Cervix bzw. keinerlei weiteren Beschwerden zu leiden gehabt. Ich war unendlich stolz auf mich, dass ich es nun doch bis zum geplanten Termin geschafft hatte.

Fast hätte ich auch nicht mehr daran geglaubt, dass wir den September erreichen würden. Aber durch meine Zuversicht und Gewissheit, dass unser Baby gesund auf die Welt kommen würde, hatte ich mich mental in die bestmöglichste Verfassung manövrieren können, die mir sicherlich außerordentlich weitergeholfen hatte. Entgegen aller Erwartungen werden wir wie ganz normale künftige Eltern in die Klinik fahren und in aller Ruhe unser Baby zur Welt bringen und auf dieser Welt willkommen heißen können.

Das gesamte Ärzteteam bereitete sich in Kürze vor, der Chefarzt der Anästhesie, der Chefarzt der Frauenklinik, drei weitere Ärzte, die assistierten, eine Hebamme, Ärzte in der Ausbildung, die zuschauten, OP-Schwestern. Es würde also ziemlich voll im OP werden.

Ich war sehr nervös, wie der Kaiserschnitt wohl ablaufen würde. Bislang hatte ich nur in der Theorie davon gehört.

Aber zunächst konnte ich ein winziges Frühstück genießen, ich hatte die Befürchtung, dass ich ansonsten umkippen werde, wenn ich gar Nichts zu mir genommen hätte.

Ich konnte es gar nicht fassen, dass meine langwierige und schwierige Schwangerschaft nun vorbei war. Diese kam mir wie eine Ewigkeit vor, aber ich war erleichtert und zutiefst dankbar, dass sich all meine Mühen gelohnt hatten und ich schließlich doch noch in der 40. SSW unsere Tochter zur Welt bringen konnte, was für einen geplanten Kaiserschnitt sogar recht spät war. Nur drei Tage später war der errechnete Entbindungstermin, am 7. September, wahrscheinlich hätte ich ohne einen Kaiserschnitt sogar noch übertragen und unser Baby unter einer Spontangeburt später zur Welt gebracht.

Es ist absolut verblüffend, ich habe einmal gelesen, dass einige der Frauen, die während ihrer Schwangerschaft vorzeitige Wehen hatten und Bettruhe einhalten mussten, oftmals übertragen hatten und über die Zeit des errechneten Entbindungstermins hinausgegangen waren, währenddessen andere Frauen mit absolut „unauffälliger" Schwangerschaft schon einige Tage früher entbunden hatten.

Draußen war es stockdunkel als wir in die Klinik aufbrachen. Meinen Koffer hatte ich schon vor drei Wochen fertig gepackt, genau genommen hatte ich diesen sofort neu gepackt, nachdem ich aus der Klinik entlassen wurde, da ich ja nie genau wusste, wann es losgehen würde und selbst mit einem früheren Entbindungstermin gerechnet hatte.

Mein Mann war ziemlich ruhig und in sich gekehrt, Nervosität merkt man ihm nicht an, selbst in dieser Extremsituation nicht. Auf dem Weg zur Klinik standen wir längere Zeit im Stau, da sich kurz vor uns ein Unfall ereignet hatte. Ein Motorradfahrer lag bewusstlos auf der Straße, ich konnte gar nicht hinschauen, da ich befürchtete, dass er sich ernsthaft verletzt haben könnte und hoffte inständig, dass dies kein schlechtes Omen für den Entbindungstag war.

Wir kamen trotzdem einigermaßen pünktlich in der Klinik an und waren schnell im Kreißsaal. Zunächst ging alles recht langsam voran, es wurde noch einmal ein Ultraschall gemacht, danach wurde mir ein Zugang für Infusionen gelegt. Erst nach ca. einer Stunde konnten wir wieder in den Kreißsaal und uns langsam umziehen. Ich kannte die Prozedur ja schon recht gut, „Thrombosestrümpfe" und das obligatorische Leibchen mit offenem Rückenteil anziehen, in dem man nicht sehr vorteilhaft wirkte. Die Haube auf dem Kopf verlieh dem Ganzen noch etwas Komisches und wir mussten schmunzeln, da selbst mein Mann, der ja mit im OP sein würde, komplett in grün gekleidet war und ebenso ein Häubchen tragen musste. Es war schon recht seltsam, dass diese Operation in einer Geburt endete, von Privatsphäre und Intimität keine Spur.

Nun wurde ich langsam wirklich nervös, da es in den nächsten Minuten in den Operationssaal gehen würde. Dies war der Moment, vor dem ich mich immer etwas gefürchtet hatte: Es gab kein Zurück mehr, ich musste jetzt in diesen Operationssaal hinein und wusste beim besten Willen nicht, was alles auf mich zukommen würde. Absurderweise musste ich in diesem Augenblick an Inquisitionen und Hinrichtungen denken, bei denen es ab einem gewissen Moment auch kein Zurück mehr gab. Natürlich lässt sich eine Geburt keinesfalls mit einer Hinrichtung vergleichen, aber kurzzeitig fühlte ich mich auch in einer Art „Falle", in der ich saß und nun absolut ausgeliefert war.

Da ich mein Kind nicht spontan gebären konnte, gab es nur diese Operation, um ihm auf die Welt zu verhelfen. Der geplante Termin hatte wirklich viele Vorteile, da wir uns absolut darauf einstellen und die Geburt genau planen konnten. Aber leider lag darin auch ein großer Nachteil, da ich ja seit Wochen wusste, dass die Geburt genau an diesem Tag um 8 Uhr morgens stattfinden würde, komme, was wolle. Die Gewissheit, den genauen Geburtszeitpunkt zu kennen, barg auch eine große mentale Belastung, da jegliche Abweichungen praktisch unmöglich waren, es sei denn, ich hätte in den Tagen zuvor schon Wehen gespürt und die Operation wäre somit vorgezogen worden.

Nun ist es also gleich soweit, dachte ich mir, mit dem geplanten Termin schrauben sich natürlich auch die Erwartungen an dieses Ereignis in die Höhe. Ich hatte mir genau ausgemalt, wie es wohl sein würde, unsere Tochter erstmals in den Armen zu halten, dass es der emotionalste Augenblick meines Lebens werden würde. Ich dachte wirklich, dass ich unsere Tochter schon vom ersten Moment an absolut kennen und wir uns natürlich sehr vertraut sein würden.

Nun wurde es ernst: Ich ging mit der Krankenschwester zu Fuß in den Operationssaal, die örtliche Narkose wurde erst dort gelegt. Mein Mann sollte später nachkommen, wenn die Narkose bereits gelegt war. Im OP erwartete mich der erste Schock, da mich Eiseskälte umfing und ich ja lediglich das kurzärmelige Leibchen anhatte. Es waren höchstens 5 Grad im OP, wenn überhaupt. Man hatte mich zwar darauf vorbereitet, dass es ziemlich kalt werden würde, aber so heftig hatte ich mir dies nicht vorgestellt. Ich hatte wirklich die Befürchtung, dass ich mir eine Lungenentzündung zuziehen würde, wenn ich allzu lange in dem OP blieb. Immerhin dauerte die Operation insgesamt eine Stunde, da unser Baby zwar recht schnell auf die Welt geholt werden würde, das Zunähen jedoch mindestens eine halbe Stunde in Anspruch nehmen würde.

Ich nahm auf dem Operationsstuhl Platz und wunderte mich schon etwas, dass mir gegenüber genau die „Zuschauer" platziert waren, die anhand der Operation lernen sollten, also Hebammen in der Ausbildung und angehende Ärzte. Ich würde ja nachher auf dem Operationsstuhl liegen, der einem Untersuchungsstuhl beim Frauenarzt glich, und fand die Tatsache extrem unangenehm, dass die „Zuschauer" einen freien Blick auf das Geschehen hatten. Durch die Spinalanästhesie, also ein lokales Betäubungsmittel, das in die Nähe des Rückenmarks gespritzt wird, bekam ich alles mit und war die ganze Zeit über wach. Natürlich wollte ich unbedingt unser Kind in Empfang nehmen können, nachdem es geboren war, aber ich bemerkte, dass diese örtliche Narkose auch Nachteile hatte.

Ich war extrem aufgeregt und schaute meiner Hebamme ins Gesicht, die mich einigermaßen beruhigen konnte. Das gesamte Operationsbesteck lag neben mir auf einem Tisch und ich schaute schnell weg, damit mir vom reinen Anblick dessen nicht übel wurde. Es war halb acht Uhr morgens, ich hatte kaum etwas gegessen und fror in dem extrem heruntergekühlten OP.

Nach einer Viertelstunde war der Anästhesist noch immer nicht da und unsere Hebamme meinte, wir sollten noch einmal zurück in den Kreißsaal gehen, da der Anästhesist zu einem Notfall gerufen worden war.

Also hieß es wieder warten, was sehr an meinen Nerven zerrte. Immerhin konnte ich mich kurz aufwärmen, bevor es abermals in den Operationssaal ging. Nach weiteren 20 Minuten konnten wir noch einen Versuch starten, der Anästhesist war nun eingetroffen.

Nun war es also wirklich soweit: Im OP warteten schon alle und hielten die OP-Handschuhe in die Luft. Ich bekam kurz Panik, ob denn noch genügend Zeit für die Narkose vorhanden sein würde, aber der Anästhesist war sehr freundlich und verwickelte mich gleich in ein Gespräch. Er wollte alles über meinen Beruf in der Photovoltaikbranche wissen, aber es fiel mir schwer, mich darauf zu konzentrieren. Ich bemühte mich jedoch, seine Fragen zu beantworten. Ich sollte mich auf den OP-Stuhl setzen und weit nach vorne lehnen, so dass er die Narkose legen konnte.

Mittlerweile war auch mein Mann eingetroffen und setzte sich an mein Kopfende. Der Anästhesist war überrascht, wie dünn ich war, er meinte, ich hätte mir lediglich einen Bauch „umgeschnallt", ansonsten sehe ich gar nicht schwanger aus. Ich hatte es gerade geschafft, insgesamt 10 kg zuzunehmen, da ich zu Beginn meiner Schwangerschaft über 6 kg abgenommen hatte. Meine Wirbelsäule trat deutlich hervor, ich hatte wirklich keinerlei Fett ansetzen können. Allerdings musste für unser Baby, die Plazenta und das Blutvolumen schon mindestens 6 kg abgezogen werden, so dass ich wirklich kaum zugenommen hatte. Die Ärzte schätzten das Gewicht unseres Babys auf knapp 3 kg. Das Legen der Narkose war überhaupt nicht schmerzhaft, ich hatte mir dies deutlich schlimmer vorgestellt. Allerdings dauerte es etwas, bis sich das Narkosemittel verteilte und so wurde ich auf dem Operationstisch nach oben und schräg unten gefahren, damit sich dieses schneller verteilen konnte.

Dann trat der Chefarzt in den OP ein, gefolgt von zwei Assistenzärzten, ein sicheres Zeichen, dass der Kaiserschnitt nun losging. Es war der erste Moment, in dem wir uns nach dem langen Krankenhausaufenthalt und seines Urlaubs wiedersahen. Er begrüßte mich und meinte lapidar, „dass meine Schwangerschaft ja nun doch so lange gehalten habe". Ich vermutete, dass er unter seinem Mundschutz schmunzeln musste, war mir jedoch nicht sicher. Allerdings führte ich ihm auch vor Augen, dass er sich in seiner Aussage, was den Geburtszeitpunkt anbelangte, geirrt und ich Recht behalten hatte. Vielleicht hatte ihn diese Tatsache auch etwas gestört, denn er hatte absolut nicht damit gerechnet, dass unser angesetzter OP-Termin auch wirklich erst am 4. September stattfinden würde. Aber das war im Augenblick alles zweitrangig. Die Operation ging los und in 20 Minuten würde unsere Tochter auf der Welt und mein Mann und ich Eltern sein.

Im OP wurde es sehr still, die Ärzte legten mit ihrer Arbeit los. Es war ganz merkwürdig, ich konnte gar Nichts dafür tun, dass unser Kind auf die Welt kam, ich musste einfach daliegen und abwarten, dass die Operation ihren Lauf nahm. Ich konnte an gar Nichts mehr denken, gleich war es soweit, der große Augenblick, auf den mein Mann und ich seit neun Monaten hingefiebert hatten.

Ich hatte eigentlich schon seit meiner ersten Schwangerschaft auf diesen Augenblick hingearbeitet, denn ich wartete nunmehr seit insgesamt einem Jahr und 2,5 Monaten auf die Geburt unseres Kindes.

Unserem ersten Kind war es leider nicht vergönnt gewesen, auf diese Welt zu kommen, aber nun würde in wenigen Augenblicken unser zweites Kind das Licht der Welt erblicken.

Der Chefarzt murmelte etwas von verschiedenen Arten der Beckenendlage, aber das alles rauschte an mir vorbei. Mir war nur wichtig, endlich unser Kind auf der Welt zu wissen.

Um 9:30 Uhr war es endlich soweit: Mit einem kurzen Schrei begrüßte unsere Tochter ihre neue Welt! Ich hörte sie und dachte, natürlich, das ist unsere Tochter, es konnte gar nicht anders sein. Ich konnte sie durch das gespannte OP-Tuch vor meinen Augen nicht sehen, aber ihre Anwesenheit und Präsenz erfüllte plötzlich den Raum. Mir traten die Tränen in die Augen, als ich endlich ihre Stimme hören konnte!

Endlich, endlich war sie da!

Ich hatte es geschafft, ich hatte diese Schwangerschaft erfolgreich beenden können, ich war eine Mama!!

Wie gern hätte ich unsere Tochter gleich in meine Arme geschlossen, aber diese waren auf dem OP-Tisch festgeschnallt, ich konnte sie gar nicht frei bewegen. Es dauerte eine Ewigkeit, bis mir die Hebamme schließlich meine Tochter brachte, anscheinend war sie gleich nach der Geburt zur ersten Untersuchung und zum Apgar-Test gebracht worden. Ich war überrascht, dass mir die Hebamme nicht sofort nach Geburt meine Tochter zeigte und wollte schon nachfragen, wo denn mein Baby sei.

Plötzlich sagte sie: „Ein Paket für Sie!" und legte mir meine Tochter auf die Brust. Ich erstarrte, es war das erste Mal, das ich meiner Tochter in die Augen schauen konnte: Sie blickte mich direkt aus wachen Augen an und war kein bisschen weinerlich oder müde. Ich hatte immer gedacht, dass alle neugeborenen Babys schreien würden und aufgebracht seien. Nicht so unsere Tochter. Mit stoischer Ruhe schaute sie mich aus ihren himmelblauen Augen an und erforschte erst einmal ihre Mama.

Mir verschlug es die Sprache, eigentlich hatte ich sie angemessen und mit wohl gewählten Worten begrüßen wollen. Jetzt war ich dermaßen überrascht, auf einmal unsere Tochter im Arm zu halten, dass ich gar Nichts mehr sagen konnte. Ich schaute sie einfach an und genoss den Augenblick, der nur uns Beiden gehörte.

Ein bisschen verwundert war ich schon, dass unsere Tochter ganz blaue Augen hatte, da ich selbst braune mit einem leichten Grünton habe und auch sonst ein eher dunkler Typ bin, unsere Tochter schien jedoch ganz nach ihrem Papa zu kommen. Allerdings ändert sich die Augenfarbe innerhalb des ersten Lebensjahres noch, es musste ja nicht bei den blauen Augen bleiben.

Aus heutiger Sicht lässt sich allerdings sagen: Unsere Tochter hat auch heute, kurz nach ihrem 2. Geburtstag blaue Augen von der Farbe eines dunkelblauen Bergsees und strohblonde, lockige Haare und damit natürlich das Aussehen eines kleinen Engels. Damit ist sie ihrem Vater wie aus dem Gesicht geschnitten, der als kleiner Junge ebenso strohblonde Haare hatte. Die Locken hat unsere Tochter wohl von ihrem Opa geerbt, auch väterlicherseits. Ich habe schon öfters gehört, dass meine Tochter und ich uns nicht ähnlich sehen, wenn ich sie mir aber genau anschaue − vor allem ihre Verhaltensweisen − kann ich mich sehr wohl in ihr wiederfinden, was mir regelmäßig ein Schmunzeln ins Gesicht zaubert.

Der erste Augenblick mit unserem Baby war etwas ganz Besonders, ich kann mich noch daran zurückerinnern, als ob es gestern gewesen wäre. Die Zeit schien still zu stehen, nur unser Baby und ich waren wichtig. Wir schauten einander an und ich wusste, dass meine lange Reise der Schwangerschaft zu Ende war. Auf einmal wusste ich, dass sich jeder Tag des Kämpfens und Quälens gelohnt hatte, jedes Erbrechen, jeder Rückschlag, den ich erleben musste.

Hier lag meine Belohnung auf der Brust: Unser gesundes Baby, das einen sehr fitten Eindruck machte. Unser Baby wog 3.390 g, war 53 cm lang und hatte einen Kopfumfang von 35 cm. Sie war also fast 400 g schwerer, als sie von den Ärzten zuvor geschätzt worden war. Ich empfand es als wahres Wunder, dass ich nach einer derart schwierigen Schwangerschaft, bei der ich so viele unterschiedliche Medikamente hatte einnehmen müssen, ein überaus gesundes und noch dazu fast 3,5 kg schweres Baby zur Welt gebracht hatte, deutlich schwerer als viele andere Babys bei der Geburt übrigens.

Mein Körper hatte Schwerstarbeit geleistet: Obwohl ich kaum an Gewicht zugenommen hatte, hatte ich ein 3,5 kg schweres Baby entbunden. Unsere Tochter erzielte den zweithöchsten Wert beim Apgar-Test und lag damit weit über Durchschnitt.

Sie schaute sich neugierig ihre neue Welt an und war sehr ruhig und gefasst. Frei nach dem Motto „Das kenne ich schon alles, das ist für mich nichts Neues." Ich war überwältigt von so viel Weisheit in einem so kleinen Menschlein und dankte Gott für dieses Wunder, das er mir geschenkt hatte. Er hatte mir eine neue Lebensaufgabe geschenkt und ich brannte darauf, mich dieser anzunehmen und nach bestem Wissen und Gewissen auszufüllen. Obwohl ich eine derart anstrengende Zeit hinter mir hatte, spürte ich eine gewaltige neue Kraft in mir aufsteigen. Meine Kraft war noch lange nicht erschöpft, denn eine neue Reise hatte gerade erst begonnen.

Ich muss wohl ein paar Tränen der Rührung vergossen haben, allerdings war ich mir dieser nicht wirklich bewusst. Lange konnte ich mein neu gewonnenes Mutterglück leider nicht genießen, da ich spürte, wie sich das Narkosemittel langsam in Richtung Lunge vorarbeitete und mir eine unangenehme „Lähmung" des Atmungsapparates bescherte. Zumindest fühlte es sich an, als ob meine Lunge plötzlich von allen Seiten her eingeengt werden würde, was mir das Atmen zusehends erschwerte. Ich bekam eine leichte Panikattacke, denn ich befürchtete, dass ich nicht mehr genügend Luft bekommen würde und anstelle die erste Kontaktaufnahme mit meiner Tochter genießen und ein paar Worte sagen zu können, musste ich sie gleich wieder meinem Mann übergeben, da ich so sehr mit mir zu kämpfen hatte. Der Chefarzt meinte, sie seien gleich fertig und beeilte sich, mich zuzunähen. Das Aufsteigen des Narkosemittels war extrem unangenehm, zwar hatte ich, rein körperlich gesehen, gar Nichts von der Operation mitbekommen, auch kein leichtes „Ruckeln", als unsere Tochter aus meinem Bauch herausgehoben wurde, dafür wirkte die Narkose nicht nur im Beinbereich, sondern auch in Richtung Lunge umso besser. Ich versuchte mich, so gut es ging, irgendwie abzulenken und die restliche Operation durchzustehen.

Das Ärzteteam war sehr routiniert, aber ein wenig mehr Empathie hätte ich mir zur Geburt unserer Tochter schon gewünscht.

Ich wollte schreien, hey, hier wurde gerade unsere Tochter geboren, ein Wahnsinns-Ereignis, endlich hat sie nach den neun irrsinnig anstrengenden Monaten das Licht der Welt erblickt!

Aber die Ärzte waren schon mit anderen Themen beschäftigt und würdigten diesen Augenblick gar nicht angemessen. Ein wenig mehr Wertschätzung für die Geburt unserer Tochter hätte ich mir schon erhofft. Natürlich ist mir rückblickend bewusst, dass die Ärzte unzählige Geburten erleben und hinter sich gebracht haben und sie jede einzelne gar nicht entsprechend würdigen können. Aber in diesem speziellen Moment war ich von der bleiernen Routine schon etwas enttäuscht. Immerhin murmelte der Chefarzt noch „Herzlichen Glückwunsch", bevor er aus dem Operationssaal verschwand. Unsere Tochter war mittlerweile bei weiteren Untersuchungen und wurde schon gemessen und gewogen. Ich beneidete meinen Mann, dass ihm die ersten Augenblicke mit unserer Tochter vergönnt waren.

Endlich wurde ich wieder zurück in den Kreißsaal geschoben, zuvor war ich vom Operationstisch in mein Bett gehievt worden, wobei ich mir schon sehr seltsam vorkam, da ich meine Beine überhaupt nicht spüren und bewegen konnte. Ich freute mich unbändig, endlich meine Tochter in einer ruhigeren Atmosphäre begrüßen zu können.

Ich sah, wie von ihrem Fuß gerade ein Abdruck gemacht wurde und musste schmunzeln. Endlich wollte ich meine Tochter in meine Arme schließen, was mir davor nicht vergönnt gewesen war. Ich hatte das dringende Bedürfnis, das Geburtserlebnis in kleinerem Rahmen nachzuholen.

Als mir meine Tochter endlich von der Hebamme gebracht wurde, wurde sie mir gleich an die Brust gelegt und war zudem schon komplett angezogen.

Ich versuchte, mir meinen Kummer nicht anmerken zu lassen: Wenigstens einmal nach der Geburt hätte ich meine Tochter gern in meine Arme geschlossen und umarmt. Da sie jedoch gleich zu saugen anfing, musste ich damit leider noch warten.

Obwohl ich einerseits der glücklichste Mensch auf Erden war, der endlich sein Kind in Empfang nehmen durfte, war ich andererseits doch etwas enttäuscht, um das Geburtserlebnis betrogen worden zu sein, zumindest empfand ich dies in jener Situation so. Die Geburt unserer Tochter glich einem Paukenschlag, bei dem für uns die Welt still stand. Die Geburt war für uns mental gesehen ein einmaliges Erlebnis, das alles Andere ausblendete. Für die Menschen um uns herum drehte sich die Welt weiter, sie konnten dem Geburtserlebnis keine tiefere Bedeutung schenken.

Zudem hatte ich auf dem Operationstisch und während der Operation wenig Möglichkeit gehabt, die Geburt unserer Tochter emotional entsprechend zu würdigen, Gefühle kommen in einem sterilen OP-Saal nur schwer auf. Da ich zunächst so lange auf unsere Tochter hatte warten müssen, bis ich sie das erste Mal erblickte, war der besondere Moment gleich nach der Geburt irgendwie schon vorüber und als ich sie endlich auf die Brust gelegt bekam, konnte ich sie nicht in meine Arme schließen. Kurze Zeit später hatte ich mit der Atemnot zu kämpfen und konnte den Augenblick der Geburt wieder nicht genießen.

Im Kreißsaal ging es ähnlich weiter, als mir meine Tochter komplett angezogen gleich an die Brust gelegt wurde. Mein Mann und ich wollten gerne etwas Zeit zu Dritt verbringen, aber die Hebamme fing sogleich an, uns darüber zu informieren, dass wir unsere Tochter gleich hier im Krankenhaus standesamtlich anmelden können und zu welchen Uhrzeiten dies möglich sei. Ich schaute sie an und dachte, dass dies ein schlechter Scherz sei. Die bürokratischen Einzelheiten hätten wir doch auch später noch besprechen können! Wieder einmal verhinderte ein Umstand bzw. das Eingreifen des Personals eine erste Kontaktaufnahme mit unserem Schatz. Nach mehreren Anläufen war auch bei mir die Stimmung gedämpft, so hatte ich mir die erste Zeit nach der Geburt nicht vorgestellt. Ich hatte viel zu hohe Erwartungen an das Geburtserlebnis selbst und war dementsprechend auf den Boden der Tatsachen zurückgeholt worden. Die doch recht zügige und nüchterne Geburt stand in keiner Relation zu meiner langwierigen, schwierigen Schwangerschaft und konnte daher dem „Erlebnis" Geburt gar nicht gerecht werden.

Viele Medienberichte möchten uns glauben machen, dass die erste Zeit mit Baby die „glücklichste im Leben einer Frau ist" und die ersten Momente „einzigartige Erlebnisse sind, die Frauen nie wieder vergessen."

Ich glaube, ich habe mich einfach schlecht gefühlt, dass ich nicht die ganze Zeit auf einer rosaroten Wolke dahingeschwebt bin und die ersten Momente mit unserer Tochter nicht so überragend emotional waren, wie uns vorgegaukelt worden war. Durch meine übersteigerten Erwartungen hatte ich mir zudem selbst Druck aufgebaut, dass die ersten Tage genau so sein müssen, wie ich es überall gelesen hatte. Dies konnte natürlich nicht funktionieren, zumal eine Kaiserschnittgeburt in steriler Atmosphäre abläuft und sicherlich nicht so intim wie eine Spontangeburt ablaufen kann.

Mittlerweile habe ich erfahren, dass in eben diesem Krankenhaus der Ablauf bei Kaiserschnittentbindungen geändert wurde und die Frauen in den Genuss kommen, gleich nach der Entbindung ihr Baby auf die Brust gelegt zu bekommen, so dass eine erste und schnelle Kontaktaufnahme möglich ist. Die Arme sind dabei auch nicht mehr am Operationstisch angeschnallt, dadurch ist sogar ein Umarmen möglich. Diese Erfahrung hätte ich auch sehr gerne gemacht und sie hätte mir bestimmt das Gefühl gegeben, ein Geburtserlebnis zu erfahren, wodurch ich sicherlich eine positivere Grundstimmung inmitten der ersten Augenblicke mit meiner Tochter hätte entwickeln können.

Meine Gefühlswelt war sehr ambivalent: Wenn ich meine Tochter im Arm hielt, war ich überglücklich und fühlte mich nach einer langen Reise endlich angekommen. Sobald aber negative Erlebnisse hinzukamen, wie das Stillen, das zunächst einfach nicht gelingen wollte, war ich absolut überfordert und wusste nicht, wie ich damit umgehen sollte.

Am ersten Tag nach dem Kaiserschnitt beging ich einen folgenschweren Fehler, indem ich meine Schmerztablette nach dem Frühstück nicht einnahm. Da ich keine Infusionen mehr bekam, hieß dies, dass ich mehrere Stunden ohne Schmerzmittel zubrachte und sich das Niveau des Medikaments langsam aber sicher auf „Null" zubewegte.

Kurze Zeit später wurde ich aufgefordert, eigenständig auf Toilette zu gehen, was sich als blanker Horror erwies. Ich brauchte eine Ewigkeit, um mich überhaupt im Bett aufsetzen und die Beine über den Bettrand baumeln lassen zu können, als ich auf die Füße kam, dachte ich, ein Messer schneidet mir quer durch den Bauch und spielt mit meinen Eingeweiden.

Der Schmerz kam mit einer solchen Wucht, dass es mir den Atem verschlug. Ich dachte ernsthaft, dass die Geburt nun überstanden sei, dabei fingen die Schmerzen gerade erst an. Ich humpelte irgendwie in Richtung Badezimmer, konnte mich aber nicht richtig aufrichten und lief wie eine Oma vornübergebeugt auf die Badezimmertür zu.

Es wurde noch schlimmer, als ich versuchte, mich von der Toilette wieder hochzuziehen, dabei hatte ich solche Schmerzen, dass mir die Tränen über die Wangen liefen. Ich stolperte zum Bett zurück und blieb erst einmal für einige Minuten auf der Bettkante sitzen.

Ich war geschockt, wie stark der Schmerz zuschlug. Am Tag zuvor war ich per Infusionen reichlich mit Schmerzmitteln eingedeckt worden und hatte keinerlei Beschwerden. Nun aber musste ich selbständig aufstehen und hatte zudem vergessen, mein Schmerzmittel einzunehmen. Mein Mann, mit dem ich ein Familienzimmer teilte, fragte mich, ob ich nicht auch einmal wickeln möchte, bisher hatte er diese Aufgabe übernommen. Das würde bedeuten, dass ich wieder aufstehen und bis zum Wickeltisch laufen müsste. Ich fragte meinen Mann, wie er dies ernsthaft fragen könne, da ich nicht einmal aufrecht bis zur Toilette laufen könne und zudem extreme Schmerzen hatte. Wie sollte ich da längere Zeit an der Wickelkommode stehen können?
Mein Mann hatte keinesfalls böse Absichten gehabt, sondern wollte sich einfach nur erkundigen, ob ich wi-

ckeln wollte. Er konnte sich einfach nicht vorstellen, dass ich derart schreckliche Schmerzen hatte.

Kurze Zeit später brachte mir eine Krankenschwester unsere Tochter und legte sie an meine Brust. Unsere Tochter schlief in einem „Baby Bay" direkt neben meinem Bett, aber ich konnte mich weder auf die Seite drehen noch unsere Tochter aus ihrem Bettchen herausheben.

Unsere Tochter wurde mir also an die Brust gelegt, aber da noch keine Milch kam, tat das Saugen unbeschreiblich weh, außerdem hatte ich bereits durch die Operationsnarbe starke Schmerzen. Kurze Zeit später waren meine Brustwarzen derart wund und entzündet, dass ich unsere Tochter nicht mehr anlegen konnte und wir erst einmal auf Ersatzmilch aus der Flasche umsteigen mussten. Ich dachte, dass der Versuch des Stillens gar nicht klappen und sich unsere Tochter womöglich zu sehr an die sehr sättigende Ersatzmilch gewöhnen würde. Das alles war Zuviel für mich, zudem kamen in ein paar Minuten die frisch gebackenen Großeltern vorbei, um das zweite Enkelkind in der Familie zu begrüßen.

Ich hatte doch unbedingt einen glücklichen Eindruck machen wollen, denn eigentlich ging es mir doch auch gut, oder?

Ich konnte meine Tränen nicht mehr zurückhalten. Nachdem ich am Tag zuvor während der Geburt kaum geweint, vielleicht ein paar Tränen vergossen hatte, kamen diese nun sturzbachartig und ließen sich auch nicht mehr abstellen. Ich wusste selbst nicht, was mit mir los war. Eigentlich war doch das Schlimmste überstanden und unsere Tochter war gesund und munter auf die Welt geholt worden.

Ich heulte hemmungslos und kam nicht dagegen an. Ich kann mich kaum zurückerinnern, wann ich einmal so heftig geweint habe. All die Ereignisse und schrecklichen Tage während der Schwangerschaft, aber auch die Enttäuschung über die Geburt an sich und die ersten beiden Tage danach brachen Bahn: Ich heulte und heulte und konnte einfach nicht mehr aufhören. Meine sonst so stoische Selbstbeherrschung war mit einem Mal wie weggeblasen.

Mein Mann eilte zu mir herüber und fragte, was denn los sei. Ich heulte jedoch so stark, dass ich außerstande war, zu sprechen. Er meinte, wenn ich niedergeschlagen sei, so würden wir bestimmt eine Lösung finden. Die nette Krankenschwester hatte gerade Schichtbeginn und schaute bei mir vorbei. Sie war sehr überrascht und meinte, ich sei mit einer Wochenbettdepression aber sehr früh dran. Zwischen einigen Schluchzern brachte ich hervor, dass ich keine Depression hätte, sondern lediglich meine Schmerzmittel vergessen hatte einzunehmen. Ich hatte seit dem Frühstück keine Tablette mehr genommen und mittlerweile war es ca. 14 Uhr am Nachmittag.

Sie war entsetzt und fragte, warum ich mich denn nicht gemeldet und um eine Infusion gebeten hätte? Ich könne doch jederzeit auch Infusionen bekommen, wenn die Schmerzen intensiv seien. Wieder einmal hatte ich mich nicht um mich selbst gekümmert und einfach nach einer Ersatzlösung gefragt, sondern war so derart damit beschäftigt, einen positiven Tag zu erleben, dass ich mein Wohlbefinden einfach vergessen hatte.

Die Krankenschwester legte daraufhin fest, dass ich zwei Mal täglich eine Infusion erhalten solle, es sei dann auch nicht dramatisch, wenn ich meine Schmerztabletten einmal vergessen würde. Ich musste schmunzeln und langsam ging es mir etwas besser.

Der Tag war aber einigermaßen gelaufen, als meine Eltern eintrafen, sah ich extrem verheult aus, so dass an schöne Erinnerungsbilder nicht zu denken war. Ich glaube, sie freuten sich dennoch, ihre Enkeltochter sehen zu können.

Ich versuchte, meine Idealvorstellungen von Geburt und Wochenbett über Bord zu werfen und mich an dem zu erfreuen, was ich hatte:

Eine wundervolle und gesunde Tochter, die sehr robust erschien und täglich zunahm. Ich sagte mir, dass ich nicht um jeden Preis stillen musste, auch wenn mir das Stillen wie ein Trost oder Ersatz zum fehlenden Geburtserlebnis erschien. Ich wollte so gerne wenigstens diese Nähe, die beim Stillen entsteht, erleben.

Meine Lieblingskrankenschwester tat alles, damit das Stillen doch noch gelingen konnte. Sie blieb nach ihrer Schicht sogar länger, um mir kalte Umschläge und Quarkwickel zu machen. Einmal standen wir um 2 Uhr Nachts im Badezimmer und erneuerten gerade die Quarkwickel, damit der Milcheinschuß gefördert werden konnte. Ich dachte mir, dass es schon seltsam war, solch eine intime Lebensphase mit einem mir eigentlich völlig unbekannten Menschen zu erleben, ich mich diesem jedoch so nahe fühlte, als ob wir uns schon ewige Zeit kennen würden. Tages- und Nachtzeiten gab es zudem nicht mehr, meine Tochter wurde mir alle zwei bis drei Stunden angelegt, gewogen wurde stets nach Mitternacht und die Nachtschwester schaute auch häufig zu uns herein.

Am Tag nach der nächtlichen Aktion mit den Quarkwickeln hatten wir unser erstes Fotoshooting mit Baby. In dieser Nacht hatte auch endlich, knapp drei Tage nach der Geburt, der Milcheinschuß eingesetzt. Theoretisch konnte unser Baby nun an der Brust trinken. Leider war aber meine Brust noch dermaßen entzündet, dass ich unsere Tochter gar nicht anlegen konnte, und wenn, dann nur mit einer hohen Dosis an Schmerzmitteln. Also fing ich damit an, Milch abzupumpen, so dass die Milchbildung in jedem Fall weiter angeregt wird. Diese Milch füllte ich in Fläschchen ab und gab sie unserer Tochter zu trinken. Endlich konnte sie meine Milch zu sich nehmen, auch wenn es über den Umweg der Flasche war.

Während dieser ersten Zeit des Abpumpens hatten wir also unser Fotoshooting. Es lief erstaunlich gut, da unsere Tochter die gesamte Stunde des Fotografierens verschlafen hatte und dementsprechend entspannt war.

Es erscheint mir heute wie ein Wunder, dass mein Mann und vor allem ich auf den Bildern total entspannt und glücklich und nicht wie übernächtigte Zombies aussehen. Die Strapazen der vergangenen Tage sah man uns nicht an, wir strahlten einfach nur Glück aus. Ich denke, dass dieses Glücksgefühl, das uns trotz aller Widrigkeiten durchströmte, hauptsächlich der Grund dafür war, durchzuhalten und nur das Positive zu sehen, die durchwachten Nächte und meine Gefühlsschwankungen traten dabei völlig in den Hintergrund. Wir strahlten das Glück von frischgebackenen Eltern aus und wenn ich heute an die vielen anstrengenden Tage und Nächte denke, die es trotz aller Freude mit einem Kleinkind häufig gibt, finde ich als Hauptmotivator immer das Glück und die Dankbarkeit als Basis, die ich empfinde, eine eigene Familie erleben zu dürfen und denke mit Stolz an die ersten Tage im Krankenhaus zurück, die ihren ganz eigenen Zauber hatten.

Unser Leben zu Dritt beginnt

Am Tag nach dem Fotoshooting durften wir mit unserer Tochter nach Hause gehen, fünf Tage nach dem Kaiserschnitt war es endlich so weit: Unser Leben als Familie begann!

Es war extrem aufregend, unsere Tochter ins Auto zu packen und endlich mit ihr nach Hause fahren zu dürfen! Ich war sehr ängstlich und ermahnte meinen Mann, doch bitte langsam zu fahren. Mein Mann fuhr schon im Schneckentempo und wurde von allen Autos überholt. Er meinte, wenn er noch langsamer fahre, würde uns bald die Polizei anhalten und aus dem Straßenverkehr ziehen!

Nach einer gefühlten Ewigkeit kamen wir endlich zu Hause an, ich glaube, wir hatten für die Strecke die doppelte Zeit als üblich benötigt. Es war ein überwältigendes Gefühl, unsere Tochter zu Hause in ihrem eigenen Bettchen liegen zu sehen, sie hatte das große Ereignis des Heimkehrens einfach verschlafen.

Ich legte mich zu ihr ins Bett und beobachtete sie beim Schlafen. Nach einer Weile runzelte sie ihre Stirn und sah ganz ernsthaft und angestrengt aus und ich dachte mir, dass ich noch nie etwas Schöneres im Leben gesehen hatte als das Stirnrunzeln meiner Tochter. Wenig später sah sie wieder ganz entspannt aus und träumte weiter. Ich lag ihr gegenüber und wurde von einem solchen Glücksgefühl durchströmt, dass es mir den Atem nahm. Der ganz kleine Moment mit meiner Tochter, in dem sie die Stirn runzelte, hatte mir ein ungeheures Glücksgefühl beschert und dieser Moment war absolut unerwartet. Ich empfand diesen spontanen Moment wunderschön und hätte nie damit gerechnet, durch solch kleine Gesten eine solche Zuneigung empfinden zu können. Ich dachte mir, dass es nicht auf den großen „Paukenschlag" ankommt, sondern vielleicht eher auf die vielen ganz kleinen Momente, die einen so unheimlich glücklich machen können.

Ich war ganz beschwingt von unserem kleinen Sonnenschein und hatte wieder viel Energie. Am Abend sollte unsere Nachsorgehebamme vorbei kommen und ich freute mich unheimlich auf sie. Endlich konnte ich meine Probleme beim Stillen ansprechen. Ich hoffte sehr, dass sie mir dazu verhelfen konnte, meine Tochter selbst zu stillen. Bislang musste ich weiterhin eine Stillpause einlegen, so dass sich meine entzündeten Brustwarzen wieder erholen konnten. Durch das häufige erfolglose und nicht optimale Anlegen hatten sich diese derart entzündet, dass ich es vor Schmerzen schlicht nicht mehr aushielt, meiner Tochter die Brust zu geben. Ich musste die ganze Milch, die nun endlich schwallartig herauskam, mühsam abpumpen und in Fläschchen abfüllen. Parallel dazu mischten wir zusätzlich Fertigmilchpulver an und gaben dies unserer Tochter zu trinken.

Abends um halb zehn war es endlich so weit: Wir bekamen Unterstützung von der Nachsorgehebamme. Ich war an diesem Tag bereits seit fünf Uhr morgens wach, da die letzte Untersuchung vor der Entlassung sehr früh am Morgen angesetzt war und ich davor wieder Milch hatte abpumpen müssen. Nichtsdestotrotz war ich gar nicht müde, sondern unendlich erleichtert, dass wir mit unserer Tochter zu Hause sein durften und nicht mehr der Krankenhausroutine ausgeliefert waren. Ich kannte meine Nachsorgehebamme vom Geburtsvorbereitungskurs her, an dem ich immerhin ein paar Mal teilnehmen konnte, bevor ich wieder hatte ins Krankenhaus müssen.

Sie war sehr sympathisch und ging mit unserer Tochter sehr liebevoll um. Zunächst gratulierte sie uns überschwänglich zur Geburt unserer Tochter und wollte viele Begebenheiten aus Schwangerschaft und Geburt wissen. Es tat mir richtig gut, mich endlich über viele Themen, die mir unter den Nägeln brannten, austauschen zu können. Zudem hat unsere Hebamme selbst drei Kinder und konnte sich somit sehr gut in meine Situation hineinversetzen.

Ich berichtete ihr von meinen Problemen beim Stillen und sie beruhigte mich erst einmal. Es sei völlig normal, dass das Stillen nicht von Anfang an funktioniere und nach einem Kaiserschnitt sei es zudem noch schwieriger zu stillen, in jedem Falle schieße die Milch etwas später ein als bei einer Spontangeburt. Ich solle mich in Geduld üben und nicht erwarten, dass das Stillen morgen schon reibungslos funktioniere. Nun, Geduld zählt nicht gerade zu meinen Stärken, ich war es in meinem Beruf gewohnt, nach großem Einsatz auch schnelle Erfolge zu erzielen, aber wieder einmal war mein „altes Leben" nicht mit dem jetzigen zu vergleichen. Es spielte auch gar keine Rolle, welche Leistung erbracht wurde, unsere Tochter benötigte unsere Liebe und viel Geborgenheit, alles andere war zunächst zweitrangig.

Im Gegenteil, wir mussten unsere Leben entschleunigen, um unserem Baby gerecht werden zu können. Denn von nun an ging Nichts mehr schnell oder nebenbei, unser Baby beanspruchte viel Zeit und hatte seinen eigenen Rhythmus. Es war unerheblich, ob wir den Tisch in fünf Minuten abräumten und bei der Hausarbeit besonders effizient waren, wichtig war einzig und allein, für unser Baby da zu sein, wenn es wach war und unserer bedurfte.

Meine Hebamme vollbrachte wahre Wunder: Sie schaffte es, dass ich mich vollkommen entspannen und mit viel Selbstsicherheit meiner neuen Aufgabe als Mutter entgegensehen konnte, sie brachte mir alles bei, was ich über das Stillen und die Säuglingspflege wissen musste. Ich konnte unsere Tochter zwar gerade so halten, hatte aber noch nie gewickelt oder geschweige denn unsere Tochter gebadet. Da ich im Krankenhaus nicht hatte aufstehen können, hatte stets mein Mann das Wickeln übernommen. Ich kam mir wie ein kompletter Idiot vor, als ich mit unserer Hebamme das erste Mal wickeln musste. Ich stellte mich sehr ungeschickt an und musste lange nach der Wickelaktion den kompletten Wickeltisch aufräumen, da alles verstreut herumlag und ich es während des Wickelns nicht geschafft hatte, wieder alles an Ort und Stelle zurückzulegen.

Sie aber ermutigte mich, einfach weiterzumachen und meinte, die Routine komme von ganz alleine. Ich kann mich nicht daran erinnern, dass sie uns ein Mal gerügt oder kritisiert hätte, sie gab uns einfach Hilfsmittel an die Hand, mit denen wir den Alltag meistern konnten, vertrat aber die Ansicht, dass wir unseren eigenen Weg finden müssten.

Es ist schon komisch, in jedem anderen Beruf ist es üblich, den Beruf erst zu erlernen, bevor man diesen ausübt. Kein Mensch erwartet, dass man am ersten Tag schon alles beherrscht.

Das Mutter-sein ist in dieser Hinsicht anders, viele Menschen im Umfeld erwarten, dass man als Frau wie selbstverständlich die Mutterrolle übernehmen kann, am allermeisten habe ich dies von mir selbst erwartet. Ich konnte mir einfach nicht vorstellen, dass ich Zeit benötigen würde, um in diese „Rolle" hineinzuwachsen, ich selbst habe mir rückblickend den größten Druck gemacht, gleich von Anfang an eine perfekte Mama sein zu wollen.

Vielleicht lag es aber auch daran, dass ich nach meiner schmerzlichen Fehlgeburt unbedingt Mutter werden und ein eigenes Kind haben wollte und automatisch davon ausging, dass ich allen Situationen, die sich in der „Rolle" als Mutter ergeben, gewachsen sein würde. Ich war einfach enttäuscht, wenn sich nicht gleich der „Erfolg" einstellte, bezüglich meines Stillproblems konnte ich nur wenig Geduld aufbringen.

Heute weiß ich, dass Mutter-sein ein Beruf wie jeder andere auch ist und es Zeit braucht, in diesen Beruf hineinzuwachsen. Es ist unmöglich, gleich von Beginn an alles zu können und zu beherrschen, zumal der eigene Körper auch ein großes Wörtchen mitzureden hat. Mir kommt immer wieder meine Lieblingskrankenschwester in den Sinn, wie sie im Türrahmen steht und meinte:

„Zwischen Wollen und Können liegt ein großer Unterschied."

Ich wollte unbedingt stillen, aber bislang hatte dies einfach nicht funktioniert, an meinem Willen lag es ganz bestimmt nicht. Bisher war ich es gewohnt, meinem Körper meinen Willen aufzuzwingen, wenn ich müde war, hatte ich trotzdem weitergearbeitet und war bis 22 Uhr im Büro geblieben. Ich konnte mir einfach nicht vorstellen, dass es nun anders sein würde, obwohl ich während der Schwangerschaft einige Male die Erfahrung machen musste, dass mein Körper seinen eigenen Weg ging. Es war ein schwieriger Prozess, den ich durchmachte: Ich musste einsehen, dass ich nicht jeden Vorgang und jedes Geschehnis in der Hand habe, ich kann zwar etwas unbedingt wollen, es kann jedoch trotzdem sein, dass sich dieser Wunsch nicht erfüllt. Dieser kann sich nicht erfüllen, weil entweder die körperlichen Gegebenheiten nicht vorliegen oder es einfach die jeweilige Situation nicht hergibt. Ich denke, meine Krankenschwester hatte auch im übertragenen Sinne gemeint, dass es sehr wichtig ist, Dinge realistisch einzuschätzen:

Was ist machbar, was nicht?

Was lässt sich realisieren, was nicht?

Und selbst dann besteht die Möglichkeit, dass sich unsere Wünsche und Vorstellungen nicht immer realisieren lassen, aber zumindest kann man sich im Vorfeld vor Enttäuschungen schützen.

Ich begann umzudenken: Ich wollte das Mutter-sein als Beruf erlernen und jede sich mir bietende Gelegenheit nutzen, um dazuzulernen. Ich versuchte, nicht mehr von mir selbst enttäuscht zu sein, wenn ich Fakten nicht wusste oder z.B. das Stillen nicht funktionierte, sondern konzentrierte mich darauf, was wir alles an unserer Tochter hatten und wie viel Freude sie uns brachte.

Sie war gleich von Beginn an ein wirklicher Sonnenschein, lachte viel und begrüßte unsere Gäste aufmerksam mit nickender Geste. Das ansteckende Lachen hat sie wohl von mir geerbt und ihre Geselligkeit vom Papa. Überhaupt war sie sehr pflegeleicht, ich hatte ja befürchtet, dass sie aufgrund der schwierigen Schwangerschaft selbst etwas schwierig sein könnte, da sie schon im Mutterbauch Vieles mitmachen musste.

Sie schlief jedoch von Beginn an sechs Stunden am Stück durch und war stets sehr lustig und aufgeweckt. Schauergeschichten, dass frischgebackene Eltern jede Stunde geweckt werden, hörten wir stets aus unserem Bekanntenkreis, hatten selbst aber ruhigere Nächte als während der Schwangerschaft oder im Krankenhaus.

Mir kam die erste Zeit mit Baby überhaupt so vor, als dass nun Ruhe und Gelassenheit eintraten. Meine Schwangerschaft war so anstrengend gewesen, dass die ersten Tage und Wochen dagegen mit unserer Tochter fast wie Wellness waren, obwohl ich mit vielen Unsicherheiten zu kämpfen hatte. Aber ich war zu Hause, hatte eine gesunde Tochter geboren und konnte endlich die Zeit mit ihr genießen. Dies war mir zuvor nie vergönnt gewesen. Meine Schwangerschaft war mit allem Negativen belastet, was ich mir vorstellen konnte und ich ja auch erlebt hatte. Die Schwangerschaft „genießen" kommt mir auch heute noch wie Hohn vor, dagegen waren die ersten Wochen mit unserem Baby traumhaft schön und erholsam.

Gleichzeitig begriff ich meine vermeintlichen „Unzulänglichkeiten" als frischgebackene Mama als Chance, viel Neues dazulernen und mich stets weiterbilden zu können. Nur so konnte und kann ich den Anforderungen und Bedürfnissen meiner Tochter gerecht werden, die sich ja stets mit unterschiedlichem Alter ändern werden. Ich sah mein Nicht-Wissen nicht mehr als Manko, sondern akzeptierte dieses und versuchte, einfach jeden Tag so anzunehmen, wie er war und nie weiter als bis morgen oder übermorgen zu denken. Ich wollte einfach so viel wie möglich lernen, in mir aufsaugen und meinem neuen Lebensabschnitt neugierig und freudig entgegentreten. Ich hatte zudem einen großen Vorteil: Da ich noch keine anderen Kinder hatte, war ich absolut unbelastet und frei im Denken, gleichzeitig musste ich auf keine Geschwisterkinder Rücksicht nehmen und konnte meine gesamte Zeit mit unserer Tochter verbringen.

Meine neue Einstellung wurde rasch belohnt, denn ich wurde sichtlich entspannter im Umgang mit unserer Tochter und konnte schon bald auch einmal über mich selbst oder eine skurrile Situation lachen. Meine Hebamme hatte mir geraten, unserer Tochter einfach weiterhin die Brust anzubieten und abzuwarten, was geschehen würde. Wir könnten auch problemlos zufüttern, dies würde nicht automatisch bedeuten, dass ich abstillen musste oder unsere Tochter dann die Brust verweigern würde.

Schon bald trank unsere Tochter an meiner Brust und wurde ohne Weiteres satt. Anfangs fand ich es schon etwas irritierend, dass sie bereits nach fünf Minuten fertig war, aber wieder gab meine Hebamme Entwarnung. Sie würde einfach so schnell trinken, dass sie bereits nach kurzer Zeit satt war, andere Kinder benötigen hierfür eine Dreiviertel Stunde. Unser kleiner Sonnenschein war eben sehr schnell und effizient.

Nun, ich hatte Nichts dagegen, während andere Mamas erzählten, dass sie zum Stillen eine Stunde benötigen würden, konnte ich bereits nach zehn Minuten wieder mit unserer Tochter spielen oder ihr etwas vorsingen. Dadurch hatten wir viel Zeit. Sie war oft bis zu vier Stunden wach, bevor sie wieder ein Nickerchen einlegte.

Ich fand es ganz besonders schön, dass wir dann in den Wachphasen so viel Zeit für uns als Familie hatten, wir drehten kleine Filme, lasen ihr etwas vor und kuschelten ganz lange und ausgiebig zusammen. Diese erste Zeit mit ihr war etwas ganz Besonderes und es oblag dieser ein ganz besonderer Zauber. Wir konnten beinahe ungestört dieser erste Zeit zu Dritt verbringen und wenn ich heute Fotos aus dieser Zeit ansehe, kann ich mich noch genau an diese Magie zurückerinnern. Wir waren unheimlich glücklich und hatten ein stets lachendes Baby. Wir konnten wirklich nicht mehr verlangen.

Da das Stillen nun reibungslos funktionierte, konnte ich viel an Nähe auf- und zurückholen, die mir bei der Geburt genommen worden war. Das Stillen entschädigte mich für die schwierige Zeit der Schwangerschaft und die nüchterne Geburt.

Endlich konnte ich Nähe zu meiner Tochter aufbauen. Es bedarf auch Zeit, das eigene Kind kennenzulernen. Ich hatte sie zwar neun Monate im Bauch getragen, wusste aber gar nicht, was sie für einen Charakter haben und wie sie sein würde.

Dies war auch ein Ammenmärchen, dem ich erlegen war: Ich habe mein Kind sofort zu kennen, da ich die Schwangerschaft durchlaufen habe. Dies war bei meiner Tochter und mir aber nicht der Fall: Wir mussten uns langsam kennenlernen und aneinander gewöhnen. Durch das Stillen hatte ich reichlich Gelegenheit, Nähe aufzubauen und sie kennen zu lernen. Wir haben heute eine ganz enge Verbindung, das spüren auch Außenstehende, die uns gar nicht kennen. Ich weiß, was in ihr vorgeht und sie kennt mich sehr gut. Wenn ich an unsere enge Verbindung denke, bin ich sehr stolz, was mir alles gelungen ist und wenn ich sehe, wie sie sich entwickelt, kann ich mir schon etwas auf die Schulter klopfen und mir sagen:

„Du hast Vieles genau richtig gemacht."

Ich habe insgesamt über zwei Jahre gestillt, fast 27 Monate lang, länger als die meisten Frauen in meinem Freundeskreis mit Spontangeburt, bei denen die Milch auf einmal versiegte oder sich die Kinder von selbst abgestillt haben. Niemals hätte ich gedacht, dass ich so lange stillen kann.

Es ist absolut erstaunlich, was der eigene Körper vollbringen kann. Dass ich es schaffen würde, nach einem Kaiserschnitt und mit doch noch recht angeschlagener Gesundheit über zwei Jahre zu stillen, hätte ich kurz nach der Geburt nicht für möglich gehalten. Ich bin einfach meinen Weg weitergegangen und habe mich nicht entmutigen lassen. Mir bekannte Mütter, die nach der Geburt sofort stillen konnten, haben oftmals bereits nach einem halben Jahr abgestillt, entweder weil es nicht mehr funktionierte oder sie selbst nicht mehr wollten. Viele Frauen sind auch relativ schnell wieder an ihren Arbeitsplatz zurückgekehrt und fanden das häufige Abpumpen als zu lästig und zeitraubend. Zudem wird es in einer Kita auch nicht einfach sein, ständig Fläschchen mitzubringen und die Erzieherinnen zu bitten, diese in langwierigem Prozess zu geben.

Ich hingegen hatte den absoluten Luxus, Stillen zu können, weil ich auch die Zeit dazu hatte und mich keinem Zeitdruck oder Zwängen beugen musste. Ich konnte unsere Tochter stillen, wann immer ich wollte und wenn wir morgens mehr Zeit benötigten und spät am Vormittag fertig waren, war dies auch kein Problem. Ich musste schon etwas darüber schmunzeln, dass ich so einen langen Zeitraum über stillen konnte und die ganz selbstsicheren und routinierten Mamas so schnell abgestillt haben. Ich stellte fest, dass ich keine perfekte Mama von Geburt an sein musste, um meinem Kind gerecht werden zu können und dass Entwicklung immer möglich war.

Des Weiteren war ich überrascht, wie weit unsere Tochter oftmals im Vergleich zu anderen Kindern im selben Alter schon war. Da wir viele Mutter-Kind-Kurse besuchten, lernten wir sehr viel dazu, vor allem in der Interaktion miteinander. Ich war erstaunt, dass unser sehr enges Verhältnis wohl auch nicht selbstverständlich war.

Unser Kinderarzt betonte sehr oft, wie außerordentlich unsere enge Bindung sei und dass wir als Eltern dadurch am Besten wüssten, was unsere Tochter benötige und automatisch in der Erziehung den für uns richtigen

Weg gehen würden. Ich fragte ihn oft, ob er Erziehungstipps hatte oder was wir verbessern könnten. Er schmunzelte und meinte, wir würden das schon allein durch unsere Intuition „richtig" machen, obwohl es natürlich in der Erziehung nicht nur den „richtigen" oder „falschen" Weg gebe. Aufgrund unseres engen Verhältnisses könnten wir uns ganz auf unser Bauchgefühl verlassen und müssten die Erziehung nicht streng nach Lehrbuch umsetzen. Allein schon durch die Frage, was wir verbessern könnten, die ja Lernbereitschaft zeige, wollten wir dazulernen und uns stets verbessern, das bedeutet, dass wir auch Kritik an uns heranlassen und uns als Eltern hinterfragen würden. Dies sei ein wichtiger Bestandteil der Erziehung, dass wir nicht stur als autoritäre Eltern auftraten, die stets Recht behalten würden.

Unsere Tochter entwickelte sich also bestens und war bei Vielem sehr schnell, sie konnte als Erste des Pekip-Kurses gehen und klettern. Ich war erstaunt, dass sie so schnell lernte und oftmals „in der ersten Reihe" stand. Ich war sehr stolz, dass ich eine so wissbegierige und temperamentvolle Tochter hatte!

Wenn ich daran denke, welche komplizierten Satzkonstruktionen sie mit ihren zwei Jahren spricht, bin ich verblüfft und sehr dankbar, dass unsere Tochter so schnell lernt und begeisterungsfähig ist. Sie hat ein irrsinniges

Temperament und ist stets ganz bei der Sache.

Schon als Baby war sie vor lauter Eifer oftmals ganz verschwitzt und immer zu 100% begeistert oder – sehr konsequent – im Umkehrschluß auch gar nicht. Sie hat einen starken eigenen Willen und kann diesen lautstark kommunizieren, gerne auch als Liedtexte vorgetragen.

Unsere Hebamme hatte schon kurz nach ihrer Geburt bemerkt, dass sie es erstaunlich finde, dass unsere Tochter ein solches Temperament habe und wir als Eltern doch eher ruhig und ausgeglichen seien. Ich bin sehr stolz auf sie und wenn ich mit meiner Mutter spreche, dann kann sie bestätigen, dass ich als Kind ganz genau so war und unsere Tochter das hitzige Temperament und ihre Begeisterungsfähigkeit von mir geerbt hat.

Ich erinnere mich noch genau an das erste Baden mit ihr: Sie hat permanent gebrüllt, wohl um uns zu zeigen, dass sie auf Wasser gar keine Lust hat. Obwohl nur der linke Zeh im Wasser hing, gab es ein Brüllkonzert, das seinesgleichen suchte. Der von uns gedrehte Film ist sprichwörtlich ziemlich ins Wasser gefallen, da von Harmonie beim ersten Baden Nichts zu spüren war, unsere Tochter war außer sich und hat erst zu Brüllen aufgehört, als das Baden endlich vorbei war. Auf den Kurs Babyschwimmen habe ich daraufhin verzichtet.

Wenn ich heute auf meine Entscheidung zurückblicke, drei Jahre Elternzeit zu nehmen, würde ich genau denselben Weg wieder einschlagen. Nun sind beinahe 2,5 Jahre vergangen und ich habe meinen Job bislang nicht ein einziges Mal vermisst. Einerseits ist dies natürlich auch etwas traurig, dass ich in der Vergangenheit so viel Zeit in eine Sache investiert habe, die mir heute mehr als nichtig erscheint, vom Einkommen natürlich einmal abgesehen. Wenn ich aber daran denke, was für mich sinnstiftender ist und mich mehr als erfüllt, dann kann es als Antwort nur die Erziehung meiner Tochter geben.

Erziehung geschieht hauptsächlich durch Nachahmung, unsere Tochter beobachtet mich und versucht daraufhin, in ihrem eigenen Stil vielerlei Dinge nachzuahmen und zu wiederholen, wodurch sie eine Menge lernt. Erklärungen sind auch wichtig, mir ist aber aufgefallen, dass sie mich sehr genau beobachtet und daraus ihre eigenen Schlüsse zieht. Wäre ich den halben oder ganzen Tag im Büro und würde als Bezugsperson einfach weniger zur Verfügung stehen, so würde eine ganz andere Person als „Vorbild" für das Nachahmen fungieren und sie würde deren Besonderheiten übernehmen.

Da ich meiner Tochter aber so viel wie möglich von mir selbst und meinen Wertvorstellungen mitgeben möchte, kam und kommt es für mich nur in Frage, diese Aufgabe selbst zu erfüllen und nicht an Andere zu delegieren. Auch für die Entwicklung meiner Identität als Mutter, die ja ständigen Veränderungen unterworfen ist, war und ist es wichtig, möglichst viel Zeit mit meiner Tochter zu verbringen und in ihre Erziehung zu investieren.

Ich bin zutiefst dankbar, dass ich die Gelegenheit hatte und auch künftig noch haben werde, unsere Tochter selbst zu erziehen und selbst entscheiden zu können, was sie wann lernt und mit welchen Themen und Personen sie sich umgibt. Ich denke dass ich hier einen größeren Entscheidungsspielraum habe, als Eltern, die beide arbeiten gehen und die Erzieherinnen größtenteils bestimmen, wann welche Themen angesprochen werden.

Natürlich ist mir auch bewusst, dass viele Eltern wieder arbeiten gehen müssen, da es schon aufgrund der finanziellen Lage nicht anders machbar ist. Ich würde aber mehr Toleranz denjenigen Müttern und Vätern gegenüber begrüßen, die sich bewusst dazu entschieden haben, die Erziehung ihrer Kinder komplett selbst ohne Fremdbetreuung zu übernehmen und gerne Vollzeit-Mamis und -Papis sind.

Ich finde es extrem schade, dass die Vollzeit-Mütter und -Väter heutzutage schon beinahe als „Heimchen am Herd" abgestempelt werden und Anerkennung nur für Arbeit gezollt wird, die auf Lohnbasis geschieht.

Mir ist oftmals zu Ohren gekommen, dass die Kitas als Zugewinn und Bereicherung für die Kleinkinder gesehen werden, dass sie einfach eine Notwendigkeit sind, dass Eltern wieder arbeiten gehen können, wird einfach unterschlagen. Im Gegenteil, aus meiner Erfahrung heraus werden Mütter und Väter, die ihre Kinder ohne Fremdbetreuung erziehen, eher noch so hingestellt, dass sie ihre Kinder nicht genügend fördern würden, wenn diese keine Kitas besuchen und „nur" zu Hause sind.

Dies stimmt für meinen Mann und mich als Eltern so nicht: Wir denken vielmehr, dass Kleinkinder zu Hause individueller erzogen und gefördert werden können als dies in einer größeren Gruppe überhaupt möglich ist. Ich als Mama kann mir die Zeit nehmen, mich ganz um mein Kind zu kümmern, ohne dass ich noch fünf andere Kinder im Auge behalten muss. Ich als Mama sehe sofort, was mein Kind in der jeweiligen Situation braucht und wo es Unterstützung bedarf. Mein Kind muss nicht eine bestimmte Sache zu einer bestimmten Uhrzeit tun, nur weil es gerade auf dem Plan steht.

Sozialverhalten kann auch in den vielerlei Kursen und nicht zuletzt dann im Kindergarten erlernt werden. Erziehungstipps und sportliche Anregungen können wir uns auch in unseren Kursen holen.

Ich bin so stolz auf das, was ich alles geschafft und erreicht habe und kann nur jede Vollzeit-Mama und jeden Vollzeit-Papa dabei unterstützen, auf sich stolz zu sein, die ganze Erziehungsarbeit alleine zu leisten und zu meistern, was beileibe nicht immer ein „Zuckerschlecken" ist und sehr fordernd sein kann.

Karriere ist vergänglich, nichts bleibt außer die Liebe zu den Menschen, die uns wichtig sind und was aus unserer Liebe erwachsen und entstehen kann. Erfolge sind vergänglich, aber die Zeichen unserer Liebe, unsere Kinder, bleiben und wir haben das Privileg, in ihnen weiterleben zu dürfen.

„Was gibt eigentlich ein Mensch dem anderen? Er gibt von sich selbst, von dem Kostbarsten, was er besitzt, von seinem Leben. Das bedeutet nicht notwendigerweise, dass er sein Leben anderen zum Opfer bringt, sondern dass er von dem gibt, was in ihm lebendig ist. Er gibt von seiner Freude, von seinem Interesse, von seinem Verständnis, von seinem Wissen, von seinem Humor und von seiner Traurigkeit – kurz, von allem, was in ihm lebendig ist. Und dadurch, dass er von seinem Leben gibt, bereichert er den anderen, steigert er das Lebensgefühl des anderen in der Steigerung des eigenen Lebensgefühls. Er gibt nichts, um etwas dafür zu empfangen; aber durch sein Geben kann er nicht vermeiden, im anderen etwas zum Leben zu erwecken, das wiederum auf ihn zurückwirkt; weil er etwas gibt, kann er nicht umhin, das zu empfangen, was ihm zurückgegeben wird. Das Geben umschließt gleichzeitig, dass der andere ebenfalls zum Gebenden wird und dass beide sich an dem freuen, was zum Leben erweckt worden ist. Im Akt des Gebens wird etwas geboren, und beide, der Gebende und der Empfangende, sind dankbar für das Lebendige, das für sie beide geboren wurde."

(Erich Fromm, *Die Kunst des Liebens*, München 2003)

Es ist für mich die wichtigste Aufgabe, meinen Kindern von mir zu geben, von allem, was mich ausmacht. Was kann es Wichtigeres geben, als dieser Aufgabe zu folgen, seinen Kindern einen mentalen und spirituellen Wegweiser mitzugeben, der wie ein Panzer wirkt und vor den Unbilden des Lebens schützt?

Für diese Aufgabe lohnt es sich zu leben und zu kämpfen, sich jeden Tag ein wenig zu verbessern, als Mutter, als Partnerin, als Mensch, der liebt und geliebt wird.

Epilog

Mein Buch ist beinahe fertig, ich kann es kaum glauben, dass ich es geschafft habe, endlich den Mut zu finden, über meine Traumata der Fehlgeburt und Folgeschwangerschaft zu berichten. Traumatisch waren diese Erlebnisse allemal und endeten erst mit der Geburt unserer Tochter.

Ich bin froh darüber, dass ich meinen Weg weiter gegangen bin und die Kraft hatte, mich noch einmal einer Schwangerschaft zu stellen, die ja in allen Fällen absolut unvorhersehbar ist. Mein Traum war es, eines Tages eine Familie zu haben und ich bin meinem Weg einfach weiter gefolgt, obwohl es mich nach meiner Fehlgeburt fast übermenschliche Anstrengung gekostet hat. Ich musste mich extrem überwinden, mich noch einmal auf dieses Wagnis der Schwangerschaft einzulassen.

Aber wenn ich heute in das Gesicht meiner Tochter schaue, weiß ich, dass es alle Mühen wert war, die ich auf mich genommen habe.

Vor ein paar Tagen kam meine Tochter auf mich zugerannt, hat mich umarmt, mir einen Kuss gegeben und gesagt, dass sie mich lieb hat. Ich war überwältigt, mir sind die Freudentränen die Wangen heruntergekullert. Diese

Situation war ganz spontan und unverhofft, hat mich aber so erfüllt, dass ich absolut selig und glücklich war und ich hätte mich um Nichts auf der Welt in jener Situation an einen anderen Ort gewünscht. Mir war auf einmal ganz bewusst, dass ich genau da bin, wo ich sein wollte:

Ich war endlich angekommen.

Ich lehne mich zurück und streiche über meinen Acht-Monats-Bauch, der sich schon sehr deutlich unter meinem Pullover wölbt. In knapp sieben Wochen werden wir wieder Eltern und zu Viert sein!

Ja, ich habe mich tatsächlich noch einmal auf das Abenteuer Schwangerschaft und Geburt eingelassen und bin im letzten Drittel meiner dritten Schwangerschaft angekommen!

Auch auf die Gefahr hin, dass ich schlimmstenfalls wieder eine Fehlgeburt erleiden würde, habe ich mich dazu entschieden, noch einmal dieses Wagnis einzugehen. Ich habe dabei ganz ambivalente Gefühle, denn einerseits bin ich voller Hoffnung und Gewissheit, dass wir wieder ein gesundes Kind bekommen werden und andererseits wäre es derzeit für mich das Schlimmste, wenn jetzt – so kurz vor Ende meiner Schwangerschaft – etwas schief gehen könnte und unser Baby vielleicht doch nicht das

Licht der Welt erblicken würde. Gewissheit, dass wir mit einem gesunden Baby gesegnet sein werden, gibt es nie, aber ich habe trotz meinen Erfahrungen die Hoffnung nicht aufgegeben, dass wir eines Tages, vielleicht schon in sehr naher Zukunft, zu Viert sein werden.

Ich befinde mich in der 33. SSW und hatte bislang eine völlig normal und „unauffällig" verlaufende Schwangerschaft. Meine wunderbare und einfühlsame Ärztin hat mich trotz meiner Vorgeschichte nicht als „Risikoschwangere" eingestuft, mein Alter – ich bin nun 38 Jahre alt – scheint dabei auch keine besondere Rolle zu spielen.

Ich hatte bislang weder eine verkürzte Cervix noch vorzeitige Wehen, ich war nicht ein einziges Mal stationär im Krankenhaus. Dies erscheint mir wie ein Wunder, wenn ich dabei an meine vorherige Schwangerschaft und die fünfzig Tage Klinikaufenthalt denke! Langsam wird mir bewusst, wie schön eine Schwangerschaft sein und wie unbeschwert man diese genießen kann. Endlich kann ich meinen Alltag so weiterführen wie vor meiner Schwangerschaft, ich konnte mich sogar zum Schwangeren-Yoga anmelden und somit Sport machen!

Die ersten 16 Wochen meiner Schwangerschaft waren aufgrund meiner Übelkeit, die sich wieder zurückgemeldet hat, sehr anstrengend. Ich konnte nur sehr wenig zu mir nehmen und hielt permanent und ungewollt Diät ein, d.h. nur Speisen wie trockener Reis oder etwas Hühnerbrühe waren möglich. Vielerlei Gerüche verursachten bei mir Brechreiz und ich musste mich oftmals übergeben. Wieder habe ich fünf Kilo abgenommen, konnte aber einer möglichen Schwangerschaftserkrankung durch Infusionen zuvorkommen, die ich ambulant verabreicht bekam.

Aufgrund meiner Erfahrungen, was „Hyperemesis Gravidarum" bewirken kann und wie schlimm sich der Krankheitsverlauf bei mir bemerkbar gemacht hatte, konnte ich frühzeitig gegensteuern und habe mich sofort im Krankenhaus zur Infusionsgabe eingefunden. Durch mein schnelles Handeln und Reagieren konnte ich vermutlich dieser Erkrankung zuvorkommen, so dass diese gar nicht erst entstehen bzw. so gravierend wie in meiner vorherigen Schwangerschaft werden konnte.

Ich musste auch permanent an meine Tochter denken, die ich in den ersten Schwangerschaftsmonaten auch noch gestillt habe und die zudem ohne mich nicht einschlafen kann. Dies hat mir eine ungeheure Kraft gegeben, durchzuhalten und auf eine schnelle Besserung zu hoffen. Nichtsdestotrotz hatte ich Glück und die Übelkeit war bei Weitem nicht so schlimm wie bei meiner vorherigen Schwangerschaft, so dass ich gar nicht in die

Situation gekommen bin, mich dermaßen oft übergeben zu müssen wie zuvor. Ich konnte die kritische Situation mit ambulanten Infusionen und entsprechender Ernährung allmählich in den Griff bekommen. Mein Umfeld machte sich Sorgen, wie schlecht und abgemagert ich in den ersten Wochen meiner Schwangerschaft aussah, aber für mich war diese Situation schon beinahe Routine. Ich empfand meinen Leidensdruck bei Weitem nicht als so gravierend als zuvor.

Es ist für mich absolut erstaunlich, dass ich auch während meiner Schwangerschaft weiterhin in der Lage war, meine Tochter zu stillen. Wir genießen beide diese Nähe, die sich beim Stillen einstellt und ich denke, dass ich ihr dadurch auch den Übergang erleichtern kann, auf einmal ein Geschwisterchen zu haben. Dadurch, dass sie weiterhin an die Brust darf, wird sich hoffentlich die Geschwisterrivalität etwas abmildern.

Ich darf also eine absolut normal verlaufende Schwangerschaft genießen und bin überglücklich, dass wir als Eltern diese erleben dürfen.

Es ist schon komisch, trotz meiner traumatischen Erfahrungen, die ich erleiden musste, konnte ich mir ein weiteres Kind recht gut vorstellen. Als ich meine Tochter nach der Geburt erleben durfte und sah, wie sie das erste Mal ihre Stirn gerunzelt hat, begriff ich, dass das

Wunder des Lebens und das Leben an sich einen viel höheren Stellenwert hat als Leid und Tragik. Ich begriff das Wunder des Lebens als etwas so Magisches und Wunderschönes, dass ich mein persönliches Leid beiseite schieben wollte und durch die Geburt unserer Tochter endlich auch konnte.

Ich wollte unserer Familie, unseren Kindern, einen höheren Stellenwert einräumen, auch wenn dies bedeutete, dass ich bei einer erneuten Schwangerschaft vielleicht wieder mit dem Verlust unseres Kindes zu kämpfen haben würde.

Nichtsdestotrotz erschien mir die wunderbare Zeit mit unserer Tochter als so kostbar, dass es jede Mühe wert war, die ich hatte auf mich nehmen müssen. Ich war bereit, noch einmal – wenn es denn sein musste – große Mühen auf mich zu nehmen, wenn ich nur noch einem Kind das Leben schenken konnte. Das Leben ist zu kostbar, als dass ich mich von meinen Ängsten dazu verleiten ließe, mich in die Ecke zu stellen, zu verzagen. Meine Tochter hatte mir gezeigt, was möglich war, wenn ich durchhielt und ich war bereit dazu, erneut durchzuhalten. Dadurch habe ich es letztlich geschafft, meine Ängste zu überwinden und neue Kraft zu schöpfen. Nicht zuletzt hat mich auch die Liebe meines Mannes durch die schwere Zeit des Kämpfens getragen und ich hatte stets eine starke Schulter zum Anlehnen. Auch wenn mir diese Tatsache unmittelbar nach meiner Fehlgeburt nicht bewusst war, so war mein Mann doch stets an meiner Seite und hat mich mit all seiner Stärke und Kraft unterstützt.

Ich konnte wieder an meinen Traum glauben, eines Tages in einer eigenen Familie leben zu dürfen.

Ich denke oftmals an unser enormes Glück, eine Familie gründen zu dürfen und empfinde tiefe Trauer für Diejenigen, denen dieser Traum verwehrt bleibt. Ich darf gar nicht daran denken, was uns ohne unsere Tochter alles verwehrt bliebe und auf welche wunderbaren Erfahrungen wir verzichten müssten. Ich freue mich unbändig auf unser Baby und unser Leben zu Viert.

Es war eine unglaubliche Reise bisher und die Achterbahnfahrt mit völlig unvorhersehbarem Ausgang wird weitergehen, worauf ich unendlich gespannt bin.

Ich lehne mich zurück, streiche über meinen Baby-Bauch und schmunzele in mich hinein.

Am liebsten würde ich die ganze Welt umarmen.

In meiner Vorstellung bin ich mit unseren Kindern fest verbunden:

Von meinem Herzen geht ein Faden aus, der mit dem Herzen unseres Babys verbunden ist. Noch ist dieser Faden recht kurz, da sich unser Baby ganz nah bei mir, in meinem Bauch, befindet. Aber ganz gleich, wie weit sich unser Baby von mir fortbewegen wird, wird dieser Faden immer imaginär bestehen bleiben, unsere Herzen werden immer miteinander verbunden bleiben.

Dasselbe gilt für unsere Tochter: Auch mit ihr bin ich fest verbunden, ganz gleich, wo sie gerade ist und ganz gleich, dass sie schon vor zweieinhalb Jahren geboren wurde. Wir werden immer miteinander verbunden bleiben.

Ein dritter Herzfaden geht von meinem Herzen aus und reicht bis tief in den Himmel hinein: Es ist der längste Herzfaden, den ich habe. Dieser geht direkt hinauf bis zum Herzen unseres ungeborenen Kindes, das sich so früh verabschieden musste und dem es nicht bestimmt war, auf diese Welt zu kommen. Es ist der Herzfaden zu unserem ersten Kind, der immer bestehen und immer mit meinem Herzen verbunden sein wird. Auch wenn dieser Faden für Andere nicht sichtbar ist, so ist dieser doch in mir fester Bestandteil und wird es immer sein.

Nicht nur in meiner Erinnerung, ich bin davon überzeugt, dass dieser Faden wirklich existiert, von Herz zu Herz, von Seele zu Seele.

Ich schließe die Augen und halte drei Fäden in meiner Hand, die alle von meinem Herzen ausgehen.

Lebe wohl, mein kleiner Engel im Himmel, wir werden Dich niemals vergessen.

Wir sind eine Familie mit zwei Kindern, aber in Wahrheit sind wir eine mit dreien.

Danksagung

Großer Dank gilt meinen Eltern, die mich zu jeder Zeit unterstützt und mir nach meiner Fehlgeburt die nötige Kraft verliehen haben, weiterzumachen.

Meinem Ehemann, ich kann nicht in Worte fassen, wie groß meine Liebe zu Dir ist und was Deine Liebe alles bewirkt. Danke für Deine bedingungslose Liebe und Unterstützung in allen Lebenslagen und schwierigen Zeiten. Ohne Deine Liebe wäre es mir nicht möglich gewesen, weiterzumachen und wieder an die Kraft des Lebens glauben zu können.

ANHANG

Zitatnachweis

Seite 188:
Erich Fromm, *Die Kunst des Liebens*, München 2003

Literatur

Kainer, Franz / Nolden, Annette, *Das große Buch zur Schwangerschaft*, München 2009

Kohlhase, Birgit, *Familie macht Sinn*, Stuttgart 2004

Stadelmann, Ingeborg, *Die Hebammen-Sprechstunde*, Ermengerst 1994 und 2005

Editorische Notiz

Die in diesem Buch beschriebenen Ereignisse sowie Chronologie sind wahr.